dolphin
ドルフィン
ブックス

危機言語を救え！

ツンドラで滅びゆく言語と向き合う

Kurebito Megumi
呉人　恵

大修館書店

まえがき

今、世界で多くの言語が消滅の危機に瀕している。

マイケル・E・クラウス博士によれば、世界で話されている言語を約六〇〇〇として、二一世紀末までには、そのうちの20〜50％が消滅し、40〜75％が消滅しかけることになるという（Krauss 1992）。

言語の死はなにも昨日や今日に始まったことではない。これまでも人類が長い歴史の中で経験してきたことではある。とはいえ、このように激しい消滅の速度はいまだかつて歴史上なかったと言われる。もちろん、その背景に、急テンポに進むグローバリゼーションの潮流がうねっていることは言うまでもない。

ちなみに私がこれまでフィールドワークをおこなってきたシベリア、カムチャツカ半島北部を中心に分布するコリャーク語は、話者数五〇〇〇人たらずの、文字通り「消滅の危機に瀕した言語」である。すでに四〇代以下の母語話者はこの言語にはほとんどいない。コリャーク語の母語話者の最低年齢を四〇歳、彼らの平均寿命をとりあえず七〇歳と見積もると、今から三〇年後にはこの言語も消滅してしまうということになる。もし、私が仮にそれより欲張って少しだけ長生きしたとすると、私は自分が取り組んできた言語の死を見取らなければならないことになる。

全世界がグローバリゼーションに向かいつつある中、いまさら少数民族の言語の生き死にでもないではないかと言われるかもしれない。たしかに、「実用」という点から見れば、言われる通りである。言語の主要な働きをコミュニケーションの「道具」と見なすならば、現代社会の中で少数民族の言語は道具として「有用」というにはほど遠い。「道具」ならば「有用」なのが少しだけあった方が紛らわしくなくて便利であるにきまっている。

しかし、言語の働きは本当に道具としてのそれだけなのだろうか？ それとも、言語には有用・無用にかかわりなく存在するなにかもっと大切な働きがありはしないだろうか？ 一見、無用とも思われがちな少数民族の言語に私たちはかけがえのない価値、それも当該民族にとってのみならず、この地球上に生きる私たちすべてにとってかけがえのない価値を見出すことはできないのだろうか？　そして、そのような価値を見出すことができたとして、私たちはそれを守るために一体なにができるだろうか？

本書は、シベリアの少数民族の言語、コリャーク語のフィールドワークを通して、私がこのことを自分自身に問い続けてきた記録である。コリャーク語とはなんと面白い言語なのだろうかという純粋に言語学的な発見をきっかけに、今から一〇年ほど前に私のコリャーク語とのつきあいは始まった。それ以来続いている私の問いかけは、危機に瀕した言語に取り組む言語学者ならば必ず突きつけられる課題、すなわち「死にゆく言語としての」記録保存か、「生きてゆく言語としての」復興保存か、あるいはその両方かという問いの間を行きつ戻りつしている。この言語に取り組み始めて以来、ただでさえ研究者の少ないコリャーク語に自分の限られた持ち時間をどのように使っていくべきなのかという問いが私の頭から離れた日は一日としてない。

言語の危機的状況は、おそらく言語の数だけ多様であるにちがいない。どんな危機言語にもこれさえあれば大丈夫というような特効薬などあるはずはない。およそフィールドワークをなりわいとする言語学者ならば、それぞれのフィールドでの長い長い悪戦苦闘の中で「自家薬籠中の」処方箋を探し続けていくのだろう。もちろん、そのような処方箋が見つかるなどという保証だってどこにもない。

本書は、そのような、とうてい十羽ひとからげになどできない、きわめて多様なフィールドのほんの一つの事例にすぎない。とはいえ、読者の皆さんが私のコリャーク語のフィールドでの試行錯誤をともに分かち合ってくださることにより、この問題を自らに引き寄せて考えていくなにがしかのヒントを見つけてくだされば、これ以上の幸せはない。

目次

危機言語を救え！

――ツンドラで滅びゆく言語と向き合う

I

危機言語に取り組むということ

〈1〉世界の言語は今？

◎二一世紀末には95％の言語が消滅に向かう!?

世界の言語は今、かつてない深刻な消滅の危機にさらされている。まずはその現実をしっかり直視することから始めよう。言語の危機という問題について考えていくためには、なによりも、いったいいくつくらいの言語が世界で話されていて、それらがどのような状況におかれているのかを知らねばならない。

これまで人類の言語の最も広範な調査をおこなってきたと言われるアメリカの言語学夏期講習所・ウィルクリフ聖書翻訳団の『エスノローグ――世界の言語』（第14版、Grimes [eds.] 2000）のデータベースには、現在、世界の六八一八言語が登録されている。もちろん、この六八一八言語の中身は一様ではない。中国語、英語、スペイン語といった数億もの話者数を擁する大言語から、わずか一人の話者を残すだけとなったような極小の言語まで、さまざまな規模の言語がそこにはふくまれている。

さて、問題はその先である。それほど多くの言語が話されながら、世界人口の96％によって話されているのは、そのうちわずか4％の言語だけ。残りの96％の言語は、世界人口のわずか4％に話されているのにすぎないという現実である。言語の多さに比してこのように話者人口が少ないということは、とりもなおさず、それらの言語、すなわち世界の96％の言語が、多かれ少なかれ存亡の危機にさらされているということを暗示する。

アラスカ大学のマイケル・E・クラウス博士の予測は、世界の言語がおかれている深刻な状況をさらに厳しく私たちにつきつける。博士は世界で話されている言語をその危機度により、大きく次の三つに分類している。

(1) 子どもがすでに母語として習得しなくなった言語、すなわち、「絶滅寸前の（moribund)」言語

(2) 子どもがまだ母語として習得し続けているが、現状では二一世紀末までに(1)になる可能性のある言語、すなわち、「消滅の危機に瀕した（endangered)」言語

(3) 将来にわたって確実に話され続けるであろう言語、すなわち、「安泰な（safe)」言語

クラウス博士によれば、世界で話されている言語をひとまず六〇〇〇と見積もると、(1)の絶滅寸前の言語はそのうちの20~50%、(2)の消滅の危機に瀕した言語は40~75%を占めるのに対し、(3)の安泰な言語は、わずか残りの5~10%を占めるにすぎない。博士はさらに、(1)の言語は二一世紀の間に消滅し、(2)の言語もまた危機に瀕しており、今世紀中に子どもたちに話されなくなる可能性をはらんでいると予測している。クラウス博士はまた、最悪のシナリオでは今後一〇〇年の間に私たちが世界の言語のなんと95%を失う方向に向かいつつあるとも言っている。

クラウス博士のこのような予測に対し、世界の言語の総数、地域による危機状況の性質の違いなどについて細かな議論はある。しかしそれにもかかわらず、クラウス博士は、「私の一〇年前の基礎的な統計上の主張が今日までにくつがえされることを心から願ってきたわけだが、残念なことに、それらの核心部分を変える理由などひとつも見出せないでいる」(クラウス 二〇〇二:一七二)と述べている。つまり、大まかなところでは、これが世界の言語のおかれている否定しようのない現実なのである。

◎言語消滅に対する危機感の欠如

世界の言語の大半が遅かれ早かれ消滅するかもしれない。この厳しい現実を私たち日本人は素直に受け入れることができるだろうか。日本語は話者数一億二五〇〇万人を擁する大言語である。先の『エスノローグ』（Grimes [eds.] 2000）によれば、この数は、中国語（北京語）、英語、スペイン語、ベンガル語、ヒンディー語、ポルトガル語、ロシア語に次いで世界第八位を占めている。もちろん、話者数が単に多いというだけではない。言語の未来への継承者である子どもたちが母語として習得し使用しているという点からも、日本語はれっきとした「安泰な」言語である。言語が失われることに対する危機感が私たちに欠けているのもいたしかたないことなのかもしれない。

もっとも、この「安泰な」言語の中にも危機の萌芽が潜んでいないわけではない。たとえば、大量の外来語流入による日本語の汚染、文法の簡略化など、日本語の乱れに対する「危機」を憂える向きがある。また標準語としての日本語は安泰であるとしても、その一方で、方言の多様性が急速に縮小していることも、大きな問題となっている。

さらには、グローバリゼーションの高まりにともない、「グローバル・リテラシー（国際対話能力）」ということが言われるようになった。故小渕首相の諮問機関であった「二一世紀日本の構想」懇談会の報告書では、コンピュータやインターネットといった情報技術を使いこなせることと、国際共通語としての英語を使いこなせることとの必要性が強調されている。後者については「長期的には英語を第二公用語とすることも視野に入ってくる」という示唆もなされている。一時、盛り上がりを見せた「英語第二公用語論」の議論の発端がここにある。

これに対しては、日本語の危機を憂える厳しい反論が各方面から寄せられてきたが、しかし、それにもかかわらず、私たちは英語によって日本語が消滅の危機にさらされる日がこようなどとは、にわかに想像することができない。ましてや、仮に英語が第二公用語となったとして、それが昂じて英語モノリンガルが日本国内でも生まれてくるようになれば、家庭内での世代間コミュニケーションの断絶さえ起こりかねないことなどには、とうてい思いが到らないのではないだろうか。しかし、これは外の世界で優勢言語に吸収された弱小言語にこれまで起こってきた、あるいは現に起こっていることなのである。

〈2〉なぜ、危機言語を守らなければならないのか？

◎言語多様性と生物多様性

同じ消滅の危機をめぐる問題でありながら、生物種の消滅の危機の問題は言語のそれに比べ、これまで圧倒的な世論の関心を集めてきた。地球上の生物は、約四〇億年に及ぶ進化の過程で多様化し、生息環境に応じて相互に関係を築きながら地球の生態系を形作ってきた。このような多様な生物が共存している状態、すなわち、「生物多様性（biodiversity）」は生態系のバランスを計るうえで欠かすことができないものである。しかし、自然資源の乱獲などによる自然環境の破壊でいま急速に失われつつある。これに対して、一九九二年に、リオデジャネイロで開催された地球サミットで、「生物多様性条約（Convention on the Biological Diversity）」が制定され、日本を含む一八四か国がこの条約に加盟して（ただしアメリカは未加盟）、世界の生物多様性を保全するための具体的な取り組みがおこなわれてきた。日本でもこれを受け、一九九八年には環境庁生物多様性センターが、二〇〇一年には環境省生物多様性センターが設立され、国内外の生物多様性保全のためのさまざまな活動を展開している。

一方で、言語の危機問題の方は、特に、クラウス博士の先の予測をひとつの旗頭としてこの一〇年間でこれまでにない関心の高まりを見せてはきたものの、その規模においては生物種の危機問題とは比べるべくもない。そのうえ、言語の危機問題は生物種の危機をはじめとする環境破壊の問題からは置き去りにされてきた感がある。一方は人間に備わった人為的・社会的機能であり、もう一方は自然環境である。そもそも同一レベルで扱うこと自体、抵抗があるのかもしれない。

ところが、生物多様性と言語多様性が実は密接な相関関係をもっていることが、最近になって指摘されている（ネトル・ロメイン 二〇〇一）。すなわち、生物種は赤道を中心とした熱帯地域にとりわけ濃い分布域をもっているが、言語もまたこの地域に濃い分布を示すというのである。相関しているのは単に分布域の濃さだけではない。「ラパポートの法則」によれば、緯度が高いほど比較的少ない種がそれぞれ広範囲の生息域をもち、緯度が低いほど多くの種がそれぞれ狭い生息域をもっている。言語もまた、熱帯地域では話者数が一〇〇人、一〇〇〇人単位の小さな言語が非常に数多く分布している。これに対し、ヨーロッパには世界全言語のわずか3％が、中国には2・

6％が分布しているのみであるという。

もっとも、生物多様性には乏しいのに、言語的には系統的にも類型的にも世界でも際立った多様性をもつ北東アジアから北アメリカ北西部の環北太平洋域のような地域の存在も指摘されており（宮岡 二〇〇二：九）、必ずしも単純に結論づけられない問題であることも否めない。

とはいえ、「生物＝言語多様性（biolinguistic diversity）」と名づけられたこの生物と言語のアナロジーは、私たちが言語の危機をより積極的に考えていくうえでの大きな利益と新たな視点をもたらしてくれるように思われる。なぜならば、自然破壊による生物種の縮小は、言語の多様性の縮小とも決して無関係ではないからである。経済的・政治的に優勢な民族が、劣勢な民族の自然環境を破壊し、伝統的な生業体系の崩壊を引き起こすことにともない、言語をはじめとする民族の文化全体が崩壊していくひとつの事例は、私が取り組んできたトナカイ遊牧民コリャークにも後述のようにはっきり見てとれる。

生物の危機と言語の危機は、このようにしばしば平行的である。だから、ある生物種が危機に瀕しているときには、その背後で、その生物種が生息する自然環境と共生してきた民族の言語もまた消滅の危機に瀕し、言語が消滅の危機に瀕しているときには、その言語を話す民族が適応対処してきた自然環境も侵されていることが充分ありうるのである。ちなみに、アメリカではすでにこのような視点から、生物多様性と言語多様性を有機的に関連づけ、その保全と再活性化を目指した活動が展開している。そのようなＮＧＯ組織として「テラリングア（Terralingua）」があることをここで併記しておきたい。

◎人類のかけがえのない財産としての言語

〝言語多様性〟のもつ意味は、生物種の生息する自然環境をふくめた生態系の中で言語の働きを捉えなおせば、いっそう明らかになる。なぜ消滅の危機に瀕した言語が守られなければならないのかという問いには、言語が当該民族やそれを研究する者にとってのみ価値があるだけではなく、人類全体にとってもかけがえのない文化的財産であるという視点から、これまでさまざまな答えが用意されてきた（Bradley and Bradley［eds.］2002:xi、クラウス 二〇〇二：一九三、Crystal 2000:27-67、Dixon 1997:135）。

なかでも、言語を環境とそれに対する人間の適応戦略との相互作用の中で捉えなおし、人間の生きる生態系とは言語がグローバルに浸透したいわば「言語生態系」とも言えるべきものであると、生態系の中で言語の果たす機能を体系的にクローズアップして見せた宮岡伯人博士の説（宮岡 一九九六：三‐四一、宮岡 二〇〇二：一九‐三三）は、私たちが危機言語と対峙するときの力強い支柱となってくれるにちがいない。

宮岡博士によれば、人間の文化は、環境とそのしめつけを受ける人間集団との間で続く適応戦略の様式であり、その適応戦略を適切におこなうための環境への認識、すなわち、混沌とした環境を分類して理解することで整理する、言い換えれば、語彙的あるいは文法的に「範疇化」することこそ言語の根源的な働きであるという。この考えによれば、個々の言語にはそれぞれに固有な範疇化があり、これはまさに個々の民族が彼らを取り巻く環境をどのように認識・整理しているかを映し出しているものに他ならない。そうであるとすれば、たとえ話者数が数億を誇る言語であろうと、逆に消滅の危機に瀕している言語であろうと、そのかけがえのなさにはなんら異なるところはない。

言語の働きとしてしばしば第一にあげられる伝達作用は、このような範疇化が当該民族に共通にあって初めて可能になる。その意味では、二次的な働きにすぎない。にもかかわらず、言語を伝達の道具であるとする言語観は根強い。そして、そのような言語観が、道具であるならば、少なければ少ないほど伝達の用には便利でよいという実用主義的見方、ひいては言語同化主義につながっていくことになるとは、先のように言語の働きを捉えた宮岡博士ならではの洞察といえるであろう。

言語の危機問題をざっと概観してきたが、以下では私自身のフィールドでのかれこれ一〇年間に及ぶ取り組みを紹介したい。一般に危機言語に取り組むフィールド言語学者に求められている課題は限りなく大きくて、重い。一〇〇人の言語学者が一〇〇年かからなければなしえないとも言われる当該言語の記述という純粋に言語学的な仕事に、フィールド言語学者はしばしばたった一人で取り組まなければならないし、それればかりではなく、苦労して得た研究成果は、民族語の保全や再活性化のための現地での活動に還元していかなければならない。一般の人々に対しては言語の危機問題に関する注意を喚起していく義務も負う。さらには、当該民族が生きる環境全体の保全活動との連携も視野に入れていかなければならない。なぜならば、言語の活性化は、民族の政治的、経済的、社会的活性化なしにはありえないからである。自分が取り組んでいる言語の危機度、記述の蓄積の度合いなどを冷静に見定めたうえで、これら多岐にわたる仕事をバランスよくこなしていくことがフィールド言語学者に要求されている。

けれども、私自身のこれまでのコリャーク語とのかかわりは、およそそのような理想的な仕事ぶりとはかけ離れていたと言わざるをえない。純粋に言語学的な関心からコリャーク語を始めた私にとって、現地の人々とのかかわりの中から、コリャーク語はコリャークの人々にとってこそかけがえのないものであることを知らされ、さらには、私たち人類全体が失ってはならない大切な文化的財産でもあることを理解することは容易ではなかった。しかし、そのような試行錯誤の跡をたどることによって、たとえ世界の辺境にひっそりと瀕死にあえいでいる言語であろうと、その価値を認め残していくことがいかに重要なことかを、多少なりとも伝えることができれば、私の責任の一端は果たせたことになるかもしれない。

II

ツンドラの危機言語、コリャーク語

記録保存から復興保持まで

〈1〉コリャーク語との出会い

◎フィールドを選ぶ

三〇人に満たない乗客を乗せた暗い小型プロペラ機の機内から、雲ひとつなく晴れわたったチャイブハ村に放り出されるように降り立った日のことを、私は今でも忘れない。一九九四年夏のことである。この地域で話されているコリャーク語という言語を調査するために、私は初めてこの村にやってきた。とうとうやってきたぞという思いと、この先どうなるんだろうという思い。期待と不安が錯綜して心臓が口から飛び出してきそうなくらい、私はドキドキしていた。

そう、なにしろ、ここにたどり着くまでに私は、その前の年をほとんど丸々棒に振っていた。前の年の夏、私はコリャーク語のフィールド調査を始めるために、この村に向けてプロペラ機が飛び立つマガダンという町で、コリャーク語の話者を求めて文字通り足を棒にして歩き回った。ひょっとしてコリャークかもしれないと、街中で出会ったアジア系の女性に思わずかけ寄り、彼女が「カレヤンカ（朝鮮族女性）」と言うのを「カリャーチカ（コリャーク女性）」と勝手に聞きまちがえて、ぬか喜びしたこともあった。出身が黒海沿岸の町クラスナダールだと聞いて、ようやく自分の早とちりに気がついた。しかし、それだけ苦労してやっとの思いで見つけた一人のコリャークの女性から聞き出せたのは、わずか二〇〇に満たない記憶の怪しい単語と、マガダンの北にあるというコリャークの村々のことだけだった。（そのときの調査で今でも頭に残っているものといったら、彼女が子どもの頃聞いた昔話の出だしの文句だといって何度もつぶやいた「ピーピーカリグン・コットヴン（ねずみさんがおりました）」という一文だけという始末だ。）

これにこりて、その年の冬、私はコリャーク語研究では第一人者のジュコヴァ博士をサンクトペテルブルグに訪ね、どこをフィールドに選ぶべきかアドバイスを乞うた。博士は、今からちょうど一〇〇年前、コリャークの民族誌を著したヨヘリソンが調査をして以来、これまでコリャーク語研究では忘れられている地域があると教えてくれた。そこはマガダン州セヴェロ・エヴエンスク地区というところで、チャイブハ、タポロフカ、ヴェルフ・パレニなどのコリャークの村があり、今でもコリャーク語が話されているという。はからずもそれらは、マガダンで聞いていた村の名前と一致していた。

私はまずは定期便が飛んでいるチャイブハに行こうと決心した。しかし、そうはいうものの、なんのつてもない私がいきなり行って、すんなりコリャークの人々に受け入れてもらえるのだろうか。そもそも行って、誰を訪ね、どこに泊まり、誰と調査をするのか、確かなことはなにひとつ決まっていない。前の年のマガダンでのように、なんの成果もあげられずに帰ることになってしまったらどうしよう。不安がいや増すのは、当然といえば当然のことだった。

そもそもマガダンに来たのが、まちがいの始まりだった。コリャーク語は、カムチャツカ半島北部、コリャーク自治管区を中心に話されている言語である。そのカムチャツカ半島と、オホーツク海が南から注ぎ込んで行き止まる先、ペンジナ湾をはさんで向かい合う大陸側のマガダン州は、いわばコリャーク語の辺境である。およそコリャーク語を学ぼうと思うものならば、まずはコリャーク自治管区の中心地パラナ参りをするのが常識というものだ。パラナならば話者もたくさん見つかるだろうし、コリャーク語教育も盛んにちがいない。ちなみに、一九八九年のソ連の人口調査によれば、コリャーク総人口九二四二人の七〇％以上は自治管区に居住している。一方、セヴェロ・エヴェンスク地区に居住するのはわずか八％にすぎない。そのうえ、

その多くがロシア語に同化してしまっていることを勘定に入れると、この地域でコリャーク語の流暢なインフォーマントを捜し出すのがたやすくないことは言わずと知れたことである。それなのに、私はカムチャツカには飛ばずに、このコリャーク語の辺境で調査を始めることになってしまったのだ。

それというのも、当時、まだ一〇か月の長女を連れての調査行は、一足先にチュクチ語の研究を始め、その夏マガダンで調査をすることになっていた夫の協力なしにはありえなかったからである。「マガダンでもコリャークは見つかるさ」という彼のことばを頼りにマガダンに飛ぶことだけが、そのときの私に可能な唯一の道だった。

しかし、ものごとなにが幸いするかわからない。ジュコヴァ博士にコリャーク語研究者にとって未開拓の地域を示していただいたおかげで、その後、私はひとつの調査地に研究者が密集する際に生じる縄張り争い、インフォーマントの取り合い、心理的軋轢などに心を悩ますこともなく、たったひとり伸び伸びとコリャーク語に取り組めることになるのである。もっとも、純粋に言語学的な興味からコリャーク語を始めた私は、言語を取り巻く諸々の状況、たとえば、この地域に蔓延する結核、アルコール中毒、経済的窮境、ロシア語への急激な同化にともなうコリャークの民族的アイデンティティの喪失などの問題と最初からしっかり向き合っていたわけではない。多くの戸惑いや迷いを経て、どのようにコリャーク語と向き合っていくべきかを見つけるまでには、まだまだたくさんの歳月とフィールドとの格闘が必要だった。

◎コリャーク語という言語

北は北極海、南はモンゴル高原、西はウラル山脈、東はカムチャツカ半島に仕切られた広大な地域を通常「シベリア」と言う。このシベリアには、西からは話し手約二三〇〇万人を擁する大言語集団ウラル語族が張り出している。南からはこれまた五〇〇〇万人以上の話し手を擁すると言われるアルタイ諸語の一部が、北極海近くまで深く広く食い込んできている。しかし、これらの言語はシベリア生え抜きの言語ではなく、比較的新しい時期にこの地域に進出してきた言語であると考えられている。

生え抜きはむしろ、これら大言語の狭間を縫うようにして散在する、ケット語、ユカギール語、チュクチ・カムチャツカ語族、エスキモー・アリュート語族、ギリヤーク語といった、話し手が多くて一万人あまり、少ない言語では数百人にもみたない小言語である。これらをまとめて「古アジア諸語」と呼び慣わしているが、お互いに系統関係があるわけでもタイプの類似性があるわけでもない。これは、ウラル語族やアルタイ諸語が進出してくるずっと以前からこの地域に分布していたという歴史的、地理的意味での包括名にすぎない。

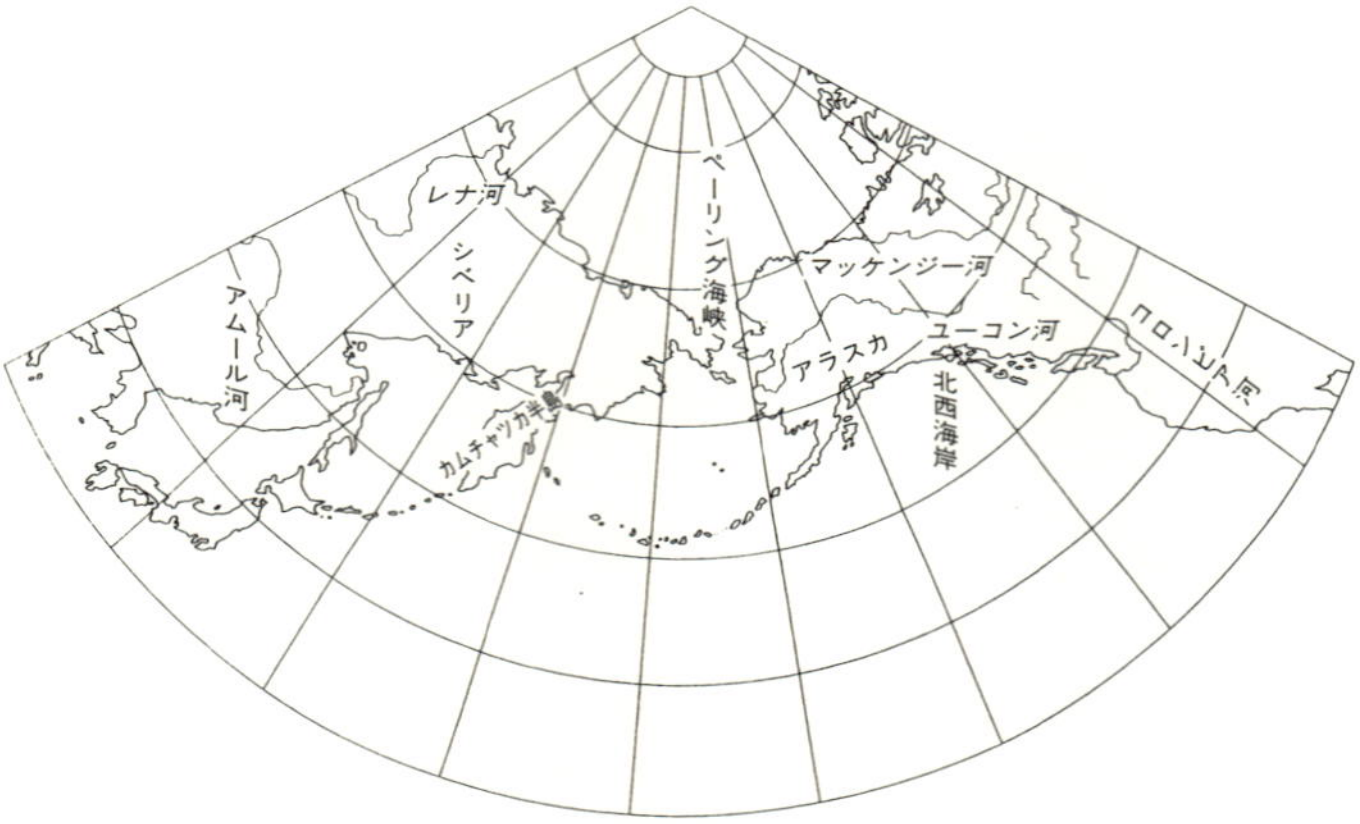

環北太平洋域（North Pacific Rim）

私が研究することになったコリャーク語は、このうちチュクチ・カムチャツカ語族に属する話し手五〇〇〇人足らずの言語である。子どもたちの大半が話さない、すなわち、言語の継承の道がほぼ断たれてしまった「消滅の危機に瀕した言語」である。

これまでモンゴル語を専門としてきた私が、このシベリアの言語に興味をもつようになったのは、私がおかれていた研究環境によるところが大きい。当時私が助手として勤めていた北海道大学文学部言語学講座では、北東アジアからベーリング海峡を経て北米北西海岸にいたる、いわゆる「環北太平洋域」の言語研究に力が注がれていた。環北太平洋域は、日本語やアイヌ語をはじめとする系統不明な孤立言語や、類型、系統を異にする言語がひしめき合う、類型的にも系統的にも驚くべき多様性と複雑さの絡み合う言語世界である。この地域の言語の研究を志す学生は大学院に入るとすぐに、フィールド調査に出かけ、その多くは文字をもたず、なおかつ消滅に瀕した言語を音声の聞き取りから始めて記述していくという根気のいる仕事を進めていた。これまで、モンゴル語を研究しながら、文献に頼るところが多く、また形態論や統語論は好きだけれど音韻論は今ひとつとよりごのみをしがちだった私にとって、あくまでも対象言語の具体にこだわり、音韻から形態、統語へとこれを丹念に記述していくやりかたは、ひとつの大きな衝撃という以上の意味をもっていた。

なかでも私をひきつけたのは、新大陸・旧大陸両方の性格を併せもった、いわば両大陸の橋渡し的な言語と言われるチュクチ・カムチャツカ語族だった。とりわけ、一つの語がさまざまな接辞を付けたり合成されたりときわめて複統合的に派生するその複雑な形態的構造は、私がそれまで知っていたどんな言語ともがらりと異なり、いかにも取り組み甲斐のあるものだった。すでに働いてはいたが、この語族のどれかひとつの言語に一から取り組んでみたいという気持ちは、まわりの学生たちと少しも変わるところはなかった。そしてそれは、いつしか専門を取り替えることへのためらいを大きく大きく上まわってしまっていた。夫の故郷であるモンゴルに長女を預けてでも調査に出かけたいと思う私の気持ちは、もう後戻りを拒んでいた。

◎チョチャ・イーラに出会う

飛行機を降りたものの、どこに向かって歩き出せばいいのかすらわからず呆然としている私に、思いがけなく一人の女性が寄ってきて、「メグミ！」と声をかけた。なにかの聞きまちがいかと思い、もう一度その女性の方を見ると、たしかに私に向かって微笑みかけている。そのときの驚きと安堵の入り混じった気持ちをどのように言い表したらいいだろう。彼女はリーリャさんというツングース系エヴェン族の女性で、サンクトペテルブルグのロシア教育大学で教鞭をとるエヴェン族の友人が、私のことをジュコヴァ博士から聞いて、紹介の手紙を書いておいてくれたのだった。

リーリャさんはさっそく私を自宅に連れて行ってくれた。住むのはここ、コリャーク語の調査には近所に住むチョチャ・イーラ（イーラおばさん）と、すでにお膳立てはできていて、私はすぐにおばさんの家に案内された。こうして初めてチャイブハ村を訪れたその年の夏から今まで、私のかけがえのないインフォーマントとして、私の仕事を理解し、共感し、惜しみない協力を

チョチャ・イーラとジャジャ・ヴァロージャ（下の写真はチョチャ・イーラお手製のコリャークの民族衣装）

し続けてきてくれた人、チョチャ・イーラと出会うことになる。

チョチャ・イーラことケチグリコット・イリーナ・ゲルゴリタゴヴナさんは、一九三六年にカムチャツカ半島のスラウトノエ村に生まれた。コリャーク語では「ジャジョル・ワヤム（キツネ川）」というその村を、五歳のとき両親とともに離れ、マガダン州のヴェルフ・パレニ村に移住した。そしてその後、チャイブハに移り住んだ。すでに年金生活に入っているが、頼まれて村人の毛皮帽子やブーツを縫って家計を助けている。単にコリャーク語が話せるというだけでなく、コリャークの伝統的な暮らしについての知識も深く、ビーズ刺繍や歌や踊りなどの伝統芸能にも通じている。自ら「アチャッチグン（微笑み）」という民族舞踊のアンサンブルを組織し、マガダンなどの町に演奏活動に出かけることもある。

しかし、実を言うと、彼女はコリャーク語を母語とし、それゆえにコリャークを名乗ってはいるものの、民族的にはチュクチなのである。チュクチ語は話せなくても、その体には疑いなくチュクチ族の両親の血が流れている。インフォーマントにはむしろ、純粋なコリャークであるご主人の「ジャジャ・ヴァロージャ（ヴァロージャおじさん）」の方が適任だったかもしれない。だが、小さな体に大きなリュックを背負い、愛犬を従えて、毎日のようにフィッシング、ベリー摘み、キノコ狩りと忙しく出かけてじっとしていない彼は、とりわけ単調な文法事項の聞き取りなどの根気と時間の要る調査には向いていなかった。私が、ジャジャ・ヴァロージャを民話やツンドラでの経験談の優れた語り手として再発見するのは、ずっと後のことになる。

とはいえ、チョチャ・イーラのコリャーク語は村の誰もが太鼓判を押す文句のないものだった。そのことは、最初にとりかかった基礎語彙調査でも、すぐに判明した。

念願の本格的なコリャーク語の調査はいよいよ始まった。

〈2〉豊かな自然の豊かな語彙

●いよいよ調査が始まる

私がコリャーク語の調査を始めることになったチャイブハ村は、マガダン州セヴェロ・エヴェンスク地区に属し、トナカイ遊牧民コリャークが居住するパレンスキー・ソフホーズの行政の中心地である。村には、夏ならば大量の鮭が回遊するさまが手に取るように見えるチャイブハ川が流れ、後方には、見わたす限りのツンドラが広がっている。

チョチャ・イーラとの調査は、チャイブハ村に着いた翌日から始まった。村の一画にある二階建てのアパートの木造の階段をギシギシ言わせながら上って行くと、チョチャ・イーラは穏やかに微笑みながら、「メーイ！」（コリャーク語で女性が言う「ごきげんよう」）と言って、私を部屋に招じ入れてくれた。間もなく背後で慌しくドアが開く音がしたかと思うと、いきなり赤い絨毯の山がドサッと投げ出された。見ると、その後ろにはご主人ジャジャ・ヴァロージャが立っていて、「アムトー！」（男性が言う「ごきげんよう」）と威勢のいい声をあげた。おじさんは、日本からのお客が来ると言うので、絨毯も表に出して朝から大掃除だったらしい。大柄でいつもどっしり構えているチョチャ・イーラと、小柄で片時もじっとしていないジャジャ・ヴァロージャ。好対照の二人は、こうしてはるばる日本から来た珍客を迎えてくれたのだった。

おばさんとの調査は、基礎語彙調査を手始めとした。おばさんはコリャーク語を母語としてはいるが、ロシア人が村人の大多数を占めるこの村ではロシア語を併用せざるをえない。当時の私のロシア語会話能力といったら、人前で口を開くのもはばかられるような代物だったが、おばさんとの唯一の意志疎通手段である以上、媒介言語に選択の余地はなかった。調査は、持参した『アジア・アフリカ言語調査票下』(東京外国語大学アジア・アフリカ言語文化研究所 一九六七)を片手に、そこに列挙されている単語をコリャーク語で一つずつ発音してもらい、それをＩＰＡ(国際音声字母)で音声表記をしていくという手順でおこなわれた。こうしてその夏は、基礎語彙調査にくる日もくる日も明け暮れることになる。

◎百見は一聞にしかず

およそある言語をフィールド調査して、その全体像を描いてみようというならば、まずは、音声のしくみを明らかにしなければならないことは言うまでもない。とりわけ対象とするのが文字をもたない言語であってみれば、音声を解明し音韻表記を確定しないことには、その先の形態論、統語論などどんな記述もかなわない。そもそも言語を記録するために編み出された二次的発明物である文字に比べれば、音声は言語の発生と同じだけの歴史をもっているにちがいない。その音声のつかみどころのなさに身をもって四苦八苦せずしては、その言語との本当の付き合いは始まらない。

もっとも、コリャーク語では、定着しているというのには程遠いとはいえ、キリル文字（ロシア語を表わす文字）に基づいた正書法が作られているし、詳細な文法書や辞書もある。また、子音が多いところでは八〇もあるといわれるカフカースの言語や、さまざまなタイプの吸着音をもつアフリカのコイサン諸語、放出音がいろいろな系列に複雑に現れるアメリカ・インディアンの言語などに比べれば、コリャーク語の音声は単純だと言ってもいいだろう。ジュコヴァ博士の『コリャーク語文法』（Zhukova 1972）であげられている七つの母音音素、一七の子音音素の中にはとりたててむずかしそうなものは見当たらない。しかし、実際に個々の単語を音声表記していくとなると、そこにはひとつひとつの音声の思いもよらないユニークさや微細な特徴が立ち現れて、安直な記述を拒む。言語学が「百聞は一見にしかず」ではなく、「百見は一聞にしかず」である意味は、ここにある。

『アジア・アフリカ言語調査票』を携えてフィールドに出かけたことのある人なら誰でも知っているように、身体部位から始まる項目のまず一番目は、「頭」である。私はいきなりこの単語の音声表記でつまずいてしまった。「レーグウェット」と聞こえるこの単語の「グウェッ」の部分をどう表記したものか迷い出し、ペンが進まなくなってしまったのだ。「もう一度、もう一度」とチョチャ・イーラにせがんで何度も発音してもらうと、唇音化した有声軟口蓋摩擦音［ɣʷ］に聞こえるときも、軟口蓋化の強まった有声両唇接近音のように聞こえるときも、はたまた有声両唇軟口蓋摩擦音［w̝］に聞こえるときもある。結局、今では［w̝］に落ち着いているが、それでも、ときどき調査の中で「グワ」とか「グエ」とか「グ」だけがやたらに際立って聞こえると、ドキッとしてしまう。

もうひとつ。コリャーク語には例外的に珍しい子音として、有声咽頭摩擦音［ʕ］がある。アフロ・アジア諸語やカフカース諸語などでよく知られているこの音は、舌根と咽頭壁の間の狭めによって作られる。ただし、コリャーク語では摩擦が弱いため、うかうかしているとつい聞き落としてしまう。かくいう私も、初日の調査では、この［ʕ］を見事にごっそり聞き落としていた。後で辞書を見てびっくりし、次の日もう一度発音し直してもらって、やっとこの音の存在を確かめることができたという、うかつぶりである。

　コリャーク語の調査を始めて七年目になる今でこそ、こんな風に過去の失敗をすらりと回想してみることもできる。しかし、実際には、たかだか一つの音価を確定するため、あるいはたかだか一つの音素の異音の特定をするために、いつも恥ずかしくなるほどの聞き直し、書き直しの苦労がつきまとっていた。こんなに音声で悪戦苦闘するのは私が人一倍耳が悪いせいに違いないと、フィールドでひとり密かに劣等感を味わったのも一度や二度ではない。

　こうして、音声から音素への抽象化を経て自分自身の音韻表記の方針が決まって行く。音韻表記が出来上がってしまえば、もう、それほど個々の音声に心を悩ますこともなくなるが、こうして悪戦苦闘して作り上げた表記による言語の記述は、既存の表記法を踏襲した記述とは比べものにならないほど、「辛苦をともにした」言語との深いかかわりに裏打ちされている。

◎豊かな自然資源を映し出す語彙

チョチャ・イーラは、ときどき調査に使う台所の窓から外を眺めながら、「メグミ、ツンドラにベリー摘みに出かけようか」と誘う。遠慮深いおばさんは毎日繰り返される単調な調査に、「疲れた」などとは決して言わないのだ。こんなときは、こちらも煮詰まった頭を冷やすために、一日調査を休んでおばさんの誘いに応じることにする。たいてい、海から戻ったばかりのジャジャ・ヴァロージャも、愛犬を従えて同行することになる。

短い夏を惜しむように、おじさんは朝から晩まで忙しい。魚釣りから帰ってきたかと思うと、今度は愛犬を引き連れ、チャイブハ川をバシャバシャと渡ってツンドラのかなたに消えて行ってしまう。帰ってくるときには、いつもベリーやきのこ、松ぼっくりでリュックはいっぱいになっている。それもひと段落すると、今度は「そうそう、罠の用意をしないとな。今年は雷鳥がたくさんかかるだろうか」と落ち着きをなくし出し、結局は、おばさんに、「たまにはじっとしていたらどうなの」と怒られるはめになる。しかし、それでもおじさんはじっとしていることなどできない。おじさんはもともと獣医さんだった。だから、トナカイのことも熟知している。「田舎のトナカイが最近減ってきているらしい。一体どうしたのだろう。一度帰って見てこなければ」と、生まれ故郷のヴェルフ・パレニのツンドラを想ってため息をつく。

シベリアというと、とかく酷寒の不毛な土地というイメージが先行しがちだが、ジャジャ・ヴァロージャが毎日携えてくる動植物を見ると、それが実は偏見であることがわかる。地域による差はあるにしても、シベリアは我々が想像するよりはるかに豊かな自然資源に恵まれている。

このことは、おばさんとの基礎語彙調査でもすぐに明らかになった。基礎語彙調査は、前述のように音素確定のために不可欠な初歩的作業であるが、同時に、語形成の方法、コリャーク語の語彙分節のあり方、さらには、コリャークの文化を垣間見るとっかかりともなる。

しばらく語彙調査を続けるうちに、コリャーク語では、ツンドラ、河川、海、森林などコリャークを取り巻く自然環境に生息する多様な動植物相を表す語彙がまんべんなく発達していることがわかってきた。この地域のツンドラに暮らすのは、トナカイ遊牧民であり、彼らがトナカイを最大限に利用していることは、たとえば、「皮膚」という語を尋ねると、グルグン（ɣel

ジャジャ・ヴァロージャは忙しい。鮭漁をしたり（写真上)、ツンドラでたき木を集めたり（写真下)

ən)「人の皮膚」だけでなく、トナカイのナルグン（nalɣən)「皮」、パンニャルグン(pann'alŋən)「すね皮」、さらにはエメチグン(emecŋən)「装飾用のなめし皮」、ミルグトウル(milɣətʃul)「テントやブーツ用のいぶし皮」、ジョムジャナルグン(jomjanalɣən)「晴れ着用の染色スエード」などの語がすらすらと飛び出してくることからもうかがえる。だが、それだけではない。トナカイ遊牧民と言われながら、彼らの動植物資源に対する知識は、魚、鳥獣、海獣、さらにはベリーやきのこ、球根、樹木など広範な自然環境にまで及んでいることが、その豊富な語彙からわかる。

また、鳥類について見ると、コリャーク語には「鳥一般」を表すコリャーク語固有の総称がなく、代わりにロシア語のプティツァ「鳥」からの借用語プチーコ（pciq）を充てている。一方、個別名はきわめて豊富で、中には「カモメ」のようにジャクジャク（jaqjaq）「成長したカモメ」、チッリュチリ（cil'ucil'）「仔カモメ」と成長段階によって派生関係のない別個の単語が与えられている「出世鳥」もいる。これは鳥に対する関心の強さ、具体性と個別性を示すものだと考えていいかもしれない。なお、これと同様の例が、カナダの西海岸に分布するヌーチャヌルス語にも見られて興味深い。そこでは、鮭に関する語彙がその種類や成長段階に応じて豊富にあるにもかかわらず、「鮭一般」を表す語彙には、英語からの借用語 sa.mon＜salmon が用いられているそうだ。

コリャーク語に見られる自然資源をめぐるこのように豊富な語彙は、自然環境の多彩さを反映していることは前述のとおりである。しかし、冬にフィールドに出かけ、吹雪で一週間近くも飛行機の足止めを食らうと、とうてい、シベリアを単に豊かな理想郷のように思い描くことなどできない。冬はマイナス五〇度になることもあり、その上、海からの低気圧の進入により強風の吹き荒れる過酷な気候条件のこの土地では、自然資源に依存して生きることは常に危険と隣合わせであることをも意味する。シベリアでは単一の生業に依存することはあまりに危険なため、複数の自然環境とそれに適応した複数の生業を組み合わせた多層的な文化が形成されると言われる。そのことが自然資源を表す語彙のまんべんなさに現れていると考えるのもまた、ゆえなきことではないのである。

このことは、それまで私が研究してきたモンゴル語と比べてみても面白い。馬、牛、羊、山羊、駱駝《らくだ》の放牧を生業とするモンゴルでは、文化的重点分野がこの五畜にあり、語彙もここに集中している。いわば一点集中的な語彙分節とでも言ったらいいだろうか。それ以外の自然資源をめぐる語彙はあっても、その使用頻度において、おそらく牧畜にかかわる語彙にははるかに及ばないであろう。これに対して、コリャーク語では、語彙の数からしても使用頻度からしても、自然資源の語彙分節のあり方はすぐれて分散的であると言える。

もちろん、村の中ではおばさんが言ってくれるすべての動植物を目にすることができるわけではない。それにもかかわらず、おばさんの口からはいつでもすらすらとそれらを表す語彙が出てきたし、その利用方法についても丁寧な説明が加えられていた。これは、おばさんのコリャーク語に対する深い知識とツンドラでの豊かな生活体験を示すものに他ならない。このことは、いつも変わらぬ穏やかさを基調とするおばさんの人柄のよさとあいまって、私に大きな尊敬の念を抱かせずにはいなかった。

〈3〉目をみはる言語・目をおおう現実

◎コリャーク語の森で「赤ずきんちゃん」になる

一年二年とフィールド調査を重ね、ひととおりコリャーク語の音に慣れてくると、その先には文法の深い森が待ち受けている。比較的シンプルな音韻体系とは対照的に、そのユニークさで我々を引きつけてやまないコリャーク語のきわめつけは、なんといっても文法である。語幹の前後に接辞が次々と付加される動詞の複雑な活用変化は言うに及ばず、その動詞をめぐる抱合、具体的な動詞概念をもつ接辞による出名動詞の派生、名詞句階層と深くかかわる能格標示、反転現象、逆受動構文などなど、我々の身近な言語ではなじみがないが、それだけに取り組み甲斐のある現象は、枚挙にいとまがない。フィールド調査をもとにしてある言語の全体像を明らかにするというのであれば、なによりもその言語に対するバランスのとれた取り組みが不可欠であることは言うまでもない。とはいうものの、どの言語にもその言語ならではの「十八番」がある。研究者ならば一度ならずその十八番に出会い、お母さんの言いつけを忘れて、おおかみに言われるままに花摘みに熱中する「赤ずきんちゃん」になってゆくのを経験したことがあるだろう。いつかは自分の手でコリャーク語文法を書きたいと願っている私も、右のような多彩な現象の森で花摘みに夢中になるたびに、自分に残されているであろうこれから先のささやかな人生と、文法を書くために費やさなければならないであろう時間の長さ、調べなければならないであろう事柄の多さ、通わなければならないであろうフィールドへの道のりの遠さを天秤にかけては、しばしば慄然とする。しかし花摘みの手を止めることは、それでも、できない。

とりわけそれが、これまでひっそりと咲いてきた名も知れぬ花だったりすると、それを見つけたときの喜びははかりしれない。

「小さい」のは一体だれ?

あるとき、私はチョチャ・イーラから名詞の形態法についての聞き取りをしていて、はっとした。チャイブハ村でのコリャーク語調査が二年目を迎えた夏のことだった。コリャーク語のものの小ささを表す接辞、カイ-(qaj-)と-ピリ(リャコ)(-pil'[l'aq] 語末でl'aqは脱落)についての例を集めていたときのことだ。この二つの接辞は名詞を修飾する似たようなものだと漠然と思っていた私は、ふと、この二つには、どうやら接頭辞と接尾辞という以上に大きな違いがありそうだということに気がついた。もっとも、カイ-イリイ（qaj-ilij）「小島」とイリイ-ピリ（ilij-pil'）「小島」のように、いくら名詞語幹につく例だけを比べてみていても、そのことはわからない。そこでは、二つの接辞の違いは、-ピリの方がカイ-よりさらに小さいものを指すというようなサイズの違いとしてしか現れてこないからだ。ちなみにチョチャ・イーラはときどき、ご主人のジャジャ・ヴァロージャを「ケチグリコットピリ（Qecɣəl'qot-pil'）（ちっちゃなケチグリコット！）」（「ケチグリコット」はおじさんのコリャーク名）と半分は親愛の情を込めて呼ぶが、これはきっとおじさんがとびきり小さいためだろうと、私は密かに思っていた。

ところが、この二つの接辞は名詞ではなく動詞に付加されたとき、全然違ったふるまいをするようになる。すなわち、カイ-が動詞についた場合には、カイ-は「ちょっと」の意味で副詞的に動詞語幹を修飾する（例：カイ-ヴェタートゥク（qaj-vetatək）「ちょっと働く」）。一方、-ピリ（リャコ）が動詞につくと、カイ-のように副詞的な意味は帯びず、その動詞が関わる名詞項、具体的に言えば、自動詞ならば主語、他動詞ならば目的語というように能格的にその指小性を表すのである（例：トゥクールクティピリリャカトゥン(t-ə-ku-lqut'-pil'l'aq-at-ə-ŋ)「(小さい)私は起きるところだ」、トゥクールエットピリリャカトギ(t-ə-k-uʃet-pil'l'aq-at-γi)「私は(小さい)あなたを待っている」)。さしずめ、カイ-は名詞・動詞いずれの語幹についてもその語幹を修飾するという意味で「語幹修飾型」接辞、一方、-ピリ(リャコ)は、動詞につくと、動詞自体ではなく、名詞項の方を修飾するという意味で「名詞項修飾型」接辞とでもいえるだろう。

調査を続けるうちに、指大辞(大きいものを指す)の-ネク(-nequ)、同じく本来は指大辞であったと思われる嫌悪の情を表わす-チグ(-cγ)などの接尾辞も、やはり-ピリと同様のふるまいをしていることがわかってきた。どうやら、「小さい」とか「大きい」とか、あるいはそこから派生した親愛、嫌悪、尊敬といった話し手の主観的評価を表す接辞に共通に見られるふるまいのようだった。

こんな接辞をもつ言語が他にもあるのだろうかと、周りの言語を見まわしているうちに、実は、エスキモー語やこれと同系のアリュート語にもあることがわかってきた。特にエスキモー語では、語幹修飾型、名詞項修飾型いずれの接辞の存在も知られているが、後者の方が数ははるかに多い。宮岡伯人教授によれば、ユピック・エスキモー語ではこのような話し手の様々な心的態度を表す接辞は一〇を越える（ただし、修飾される名詞項は常に主語）。

エスキモー語とコリャーク語は、系統的にも類型的にも異なる言語同士である。それにもかかわらず、このような特殊な言語事象に似よりが見られるということは、そこになんらかの影響関係を考えないわけにはいかない。私の「感じ」では、エスキモー語のこの種の接辞がコリャーク語に比べてはるかに多いこと、エスキモー語ではこれらは純然たる接辞であるのに対し、コリャーク語ではカイ-など自立語に由来する可能性のある接辞もあることから、エスキモー語からコリャーク語への影響に軍配をあげたい。しかしもちろん、これから先は憶測の域を出ない、危険な花摘みの世界になってくる。

◎寝た子も起きる子守唄

私にとっては興味尽きない文法事項の調査も、チョチャ・イーラにしてみれば、ときに退屈で眠気を誘うものだったにちがいない。私たちの調査は、午前中に二〜三時間、毎日休みなく続けられた。しかし、ときおり生あくびを噛み殺しているおばさんに気づいてから、月曜日から金曜日までは音や文法事項の聞き取り、土曜日と日曜日は民話のテキスト作りと、少し趣向を変えてみることを思い立った。テキスト作りは、おばさんの息抜きのつもりだったが、その実、限られた時間にいろんなことをしたいと欲張る私の都合のいい口実であったことも否定できない。

ところが、この作業は、実際には息抜きにはほど遠いものだった。いきなりマイクを向けても記憶が定かでない場合など、「あー」とか「うー」とか余計な間投詞ばかり入っていい録音ができないから、まずは、おばさんに話してもらう民話の原稿を自己流のキリル文字表記で書いてもらうことにした。それが終わると何度かリハーサルをしてから、今度は、ジャジャ・ヴァロージャの留守をねらって、録音を始める。おじさんがいると、なぜかあっちでドスン、こっちでガチャンと騒々しいのだ。後で聞き返したら、気を使って大人しく座っていてくれていたはずのおじさんが、「ズルズルルーッ」とお茶をすする音が入っていたりして、がっかりなんてこともある。

テキスト作りは録音すればそれでおしまいというわけでは、もちろんない。滞在中に、音韻表記、形態素分析、訳のすべてをやっておかないと、使える資料になど到底なりえないと腹をくくっておいた方がいい。とはいえ、

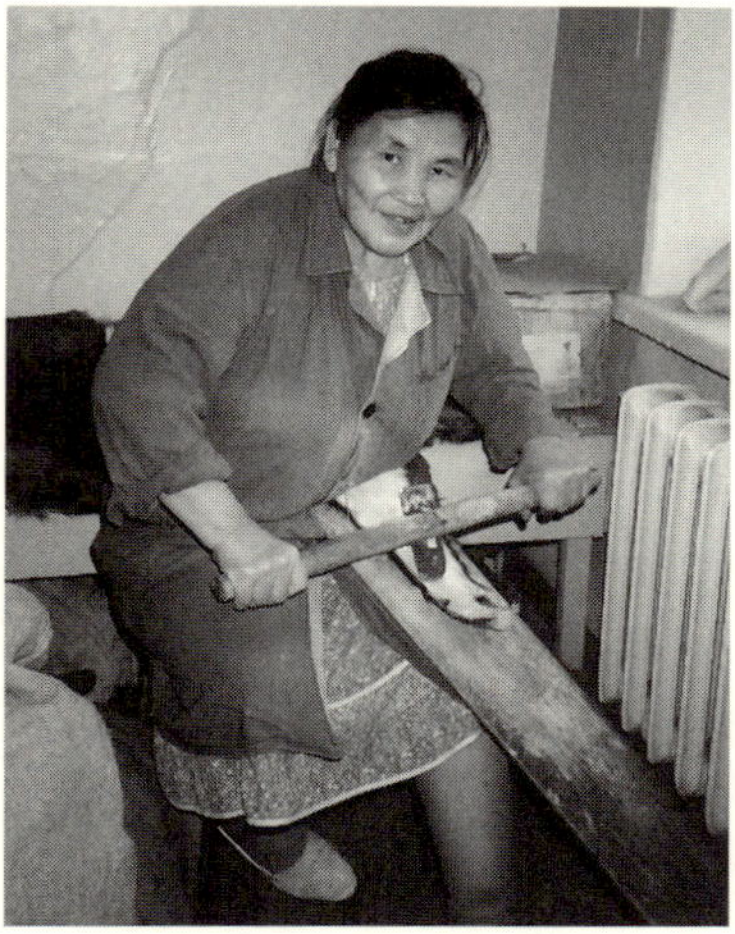
トナカイの皮をなめすチョチャ・イーラ

民話には民俗語彙も、既存の文法書にはないような表現や意味不明な間投詞も遠慮なく登場してくれる。何度説明してもらっても、こちらにはなかなか理解ができない。文法事項の調査以上に、お互いにストレスが溜まってくるのだった。

そんなこんなで、二人の間に少しピリピリした空気が流れ出したある日のこと。おばさんは急に思い出したように、「これなんだか知っている？」とある歌を歌い出した。これがなんとも不思議な歌だった。いきなり「ゴロゴロゴロゴロ」とうがいに似たのどびこをふるわす音が始まったかと思うと、間になにやら短い歌詞が入り、再びふるえ音が延々と続いていく。私など、上を向いてうがいをイメージしないとうまく出せないこの音を、おばさんは軽々と「ゴロゴロ」やりながら、なおかつ、これに両唇の開閉を重ねていくのである。「ウワワワー」と「ゴロゴロ」がなだらかなメロディを奏でながら並行して聞こえてくるという具合だ。その上さらに驚くのはその後に今度は、子供が怪獣のまねをするときに出す「ガオーガオー」が強いささやき音化したような声が続くことだ。

「一体なんの歌？」とあんぐり口を開けている私に、おばさんは「コリャークの子守唄だよ、途中、『小さい我が子よ、お休み』と歌っていたでしょ」と言った。私は危うく椅子から転げ落ちそうになった。子守唄というけれど、これじゃあ逆に寝た子が飛び起きてしまうんじゃないか。気を取り直して録音だけはしておこうとおばさんにマイクを向けたものの、私の驚愕はおばさんにも伝染してしまったらしい。歌い出してもすぐに、私の驚きぶりを思い出すのか、プーッと吹き出してしまい何度やってもうまくいかない。とうとうおばさんは私を部屋から追い出し、閉め切った誰もいない部屋で、この「ゴロゴロ、グワグワ、ガオーガオー」を録音してくれたのだった。

この子守唄のおかげでおばさんの眠気も霧散し、二人で大笑いしたおかげで緊張気味だった空気も和み、その日の後半の調査は上首尾のうちに終わった。

ちなみに、この子守唄でちゃんとコリャークの子供が寝入るのは、その後、おばさんが孫娘のヴィーカをこれで寝かしつけているところを目撃したことで証明されている。

◎現実は見たくない

終日、調査とその整理分析に明け暮れている私にも、村の生活はときに直視するには辛すぎる一面をかいま見せた。そのひとつは、アルコール中毒である。コリャークはかつて飲酒の習慣をもたなかったが、ロシア人がウォッカをこの地域にもち込んでから、アルコール中毒患者が激増した。彼らは飲まないときには何か月でも飲まないのに、いったん飲み出すと止まらなくなる。一週間でも、一か月でも、体がぼろぼろになるまで飲み続ける。よくそんなにお金が続くものだとあきれるのだが、夏の間なら、近くの海や川に行って三時間も釣り糸を垂れていれば、ウォッカ数本を手に入れるくらいのイクラは取れてしまう。自分の労働で得たお金で手に入れるウォッカならまだしもである。中には、家財道具であろうがなんであろうが、ウォッカのために次々にもち出してしまう人も少なくない。

ウォッカに換えられるものは、他にもある。食べるものにこと欠いて、知り合いにもらったわずかばかりのジャガイモ、配給用のパン券や児童手当などですらウォッカに換えられてしまう。

子どもの養育費に当てられるべき児童手当が支払われる日、普段は閑散とした村がいつになく賑やかになった。一体なにごとかと仕事の手を休め、窓越しに表を見ると、折しも、四、五歳のコリャークの少年が泥酔した母親にどなられながら、とぼとぼと後をついていく姿が目に入った。母親はつい最近までマガダンで入院生活を送っていた女性で、私も病院に訪ねていっていくつかの単語を聞き取ったことがある。もっとも、その病院が結核病院だと知って、それ以上足を運ばなかったが。

児童手当はこうしてウォッカに化け、子どもは空腹のまま取り残された。その後、その子が海で溺死したことを聞いたのは、ずっと後のことだった。それでも母親は相変わらず酒びたりの生活を送っている。

このような状況の中で、一人の外国人が彼らの現実とは無関係に、ひたすらコリャーク語の掘り起こしに精を出している。それがコリャーク語の記録保存を目的としたものであっても、自分がやっていることの現実との隔絶感はときどき私を打ちのめしそうになった。それに追い討ちをかけるように、二か月の調査がちょうど折り返し地点に来ていた頃、村の水道が工事のために止まった。たまたま出た茶色い水のお風呂に無理やり入った次の日あたりから、私は猛然たるかゆみに襲われ出した。病院のある隣のエヴェンスク村に行く交通手段もなく、必死で残りの一か月を耐えたものの、チャイブハ村を発つときには、私の中でなにかがシューッと音を立ててしぼんでいくようだった。

〈4〉続けてこそのフィールドワーク

●脅かされる言語

よそ者である私の目にもときに情け容赦なしに飛び込んでくるコリャークの悲惨な現実は、実は、シベリアに生きる先住民全体にのしかかっている重い現実でもあった。

一六世紀、帝政ロシアが逼迫した社会・経済状況を打開するために始めたシベリア開発は、ソビエト政権へと体制は変わっても続行され、先住民にはかりしれない社会的、経済的、文化的脅威を与え続けてきた。

言語も文化の一側面、いや、環境認識をつかさどるという意味で文化をその根底で支えているものであってみれば、やはりそのような脅威から無縁でいられるはずはなかった。シベリア先住民の言語は、民族語保護政策が推進されたソ連時代初期までは、それなりに高い母語率を保持していた。ところが、正常な母語習得の場（＝親元）から子どもたちを隔離する寄宿学校制、学校教育法へのロシア語と民族語の自由選択制の導入（ひいては民族語による教育原則の帳消し）など、ロシア語同化政策が強化されるようになると、民族語の母語率は著しく低下した。ペレストロイカによるソビエト政権の崩壊後、言語をはじめとする民族文化の復興がようやく叫ばれるようになったものの、そのための具体的方策もないままに、ロシア語への同化は強まる一方というのが現状である。そしてその背景には、経済の論理が先行する社会の中で、先住民はますます経済的窮地に追い込まれ、加えてアルコール中毒、結核などの病弊に蝕まれているという苛酷な現実がある。

チャイブハ村に足を運ぶたびに、自分のやっているコリャーク語の掘り起こしという仕事と村の現実との間に横たわるギャップの大きさに、焦燥感はつのった。しかし、このギャップにどのように対峙すべきかは棚上げにしたまま、私は毎年休むことなくフィールドワークを続けた。だが内心は、現に今、ウォッカに溺れ我が子の養育すら放棄している母親だって、チョチャ・イーラと会うときには敬愛の念を込めて話すであろうコリャーク語、結核で病床についている子どもたちのツンドラに暮らすおじいちゃんやおばあちゃんなら、きっと今でも話しているにちがいないコリャーク語、そのコリャーク語を研究対象としながら、自分はこの言語がどのような形でにしろ「生きている」という事実とはどこか遠いところで仕事をしているという思いを払拭することができなかった。

表向きは「危機に瀕した言語の記録保存」のためと自分の仕事を正当化しながらも、その実、耳元ではいつも「お前のやっていることは、結局、コリャーク語の遺言状を取っているようなものじゃないのか」と誰かが意地悪くささやく声が聞こえるようだった。

新しいインフォーマントとの出会い

原因不明のかゆみに丸一か月耐えてチャイブハ村を後にしてから二年間というもの、私はチョチャ・イーラとジャジャ・ヴァロージャに会うことができなかった。一年目はマガダンまでは行ったものの、あのかゆみを思い出すとチャイブハ村に飛ぶ踏ん切りがどうしてもつかなかったためだった。急きょ、村からマガダンに移住してきたばかりのジャジャ・ヴァロージャの甥っ子、コーリャに協力してもらうことにした。二年目は、マガダンまで行って急にチャイブハ便が二週間に一便から一か月に一便になったと聞かされ、ひるんだためだった。長い調査を終え、さあ、ようやく家に帰れるぞと喜び勇んでマガダン空港に行ったものの、航空会社の倒産のために乗るはずの飛行機が影も形もなくなっていたという苦い目に遭っている私には、これは「いつ飛ぶかは保障のかぎりではない」という意味にしか聞こえなかった。マガダンでまんじりともしない夜を過ごした翌日、ようやくチャイブハ村ではなく、セヴェロ・エヴェンスク地区の中心地エヴェンスク村に飛ぶ決心をした。

こうして、インフォーマントとしては申し分のないチョチャ・イーラへの道が断たれてしまったために、より完全な形でのコリャーク語記述の仕事は、暗礁に乗り上げた。しかし、悪いことばかりではなかった。そのことでロシア語の干渉の度合いがより大きい三〇代、四〇代のコリャーク語話者に出会い、コリャーク語が大きく変容していくさまをつぶさに観察する機会を与えられることになったからだ。さもなければ、私はいつまでもチョチャ・イーラの流暢なコリャーク語だけに固執し続け、ますます現実との溝を深めていったかもしれない。もっとも、当時は思うように調査がはかどらない苛立ちの方が大きくて、新しいコリャーク語話者との出会いが、後に、自分の仕事と村の現実との間の接点を模索するためのひとつのきっかけになろうなどとは考えるよしもなかった。

◉変容するコリャーク語

コーリャこと、ケルゲルコット・ニコライ・アンドレイヴィッチ氏は、一九五五年にセヴェロ・エヴェンスク地区最北のトナカイ遊牧地クレスティキに生まれた。その後、チャイブハ村に来て自動車修理工になり、ロシア人女性と結婚、三女をもうけた。私が初めてチャイブハに行ったときには、まだチョチャ・イーラの階下に住んでいて、よく顔を出しては、コリャーク語とロシア語を交えたおしゃべりをしていったものだった。しかし、そのうち自動車修理では三人の娘たちを養っていくことはできないと見切りをつけ、奥さんの実家があるマガダンに一家で移住することを決意したのだった。

そのコーリャと、私はマガダンで毎日朝から調査をすることになった。コーリャは小学校の宿直の仕事をしていたので、朝帰るとそのまま休む間もなく私の調査に付き合ってくれたことになる。

私がコーリャからまず確かめたかったのは、抱合現象についてだった。抱合とは、語幹合成の一種である。ただし、日本語で同様に語幹合成によって作られる「酒蔵」「雨傘」「神がかる」「虫食う」といった複合語と異なるのは、語彙的に固定しておらず、発話のつど、自由に創出できる点にある。つまり、形態的には語でありながら、日本語などの句や文に相当する働きをする、いわゆる「統語的な語」を作る手法、それが抱合なのである。この特徴によりコリャーク語はこれまで類型的に、「抱合的言語」と呼ばれてきた。たとえば、日本語の「鉄の古くて長い魚を切るナイフ」という名詞句は、チヨチャ・イーラならば、ペータトプルウントゥイウルウッチョワル（petat-pəlwəntə-ʔ-iwlə-ʔ-əcco-wal）（petat「古くなる」、pəlwəntə「鉄」、-ʔ- 挿入、iwlə「長い」、-ʔ- 挿入、əcco「（魚を）切る」、wal「ナイフ」）と語幹をつなげただけの抱合形で表してしまう。もっとも、これを分析的にガペータリン　プルウンテン　ニウルキン　ウッチョキン　ワラ（ɣa-petal-lin pəlwənt-en n-iwlə-qin əcco-kin wala）と言えないことはないが、おばさんにしてみれば「なにか不自然で子供っぽい言い方」ということになってしまう。

ロシアの研究者の中には抱合形と分析形の使い分けは、被修飾部に焦点をおくか修飾部に焦点をおくかによるとする向きもある。その証拠に修飾部にかかる「とても」という意味の程度副詞トゥッテリ（təttelʼ）が分析形と共起しやすいことがあげられている。ところが、程度副詞的な意味は接頭辞でも表せてしまえるのがコリャーク語の普通でないところなのである。あえて、分析形にしなければならない理由はないとも考えられるのだ。

そこで私は想像をめぐらせた。コリャーク語ではひょっとすると、抱合形が本来的なものであり、分析形は他の非抱合的言語からの影響で後から加わったものかもしれないと。それを確かめるためのひとつの方法として、チョチャ・イーラより若いコリャーク語話者たちが、抱合形、分析形のうちどちらかを好むというようなことがあるのかどうかを調べる必要があった。もし、抱合形が出にくいということであれば、そこにロシア語などからの影響の可能性を考える余地が出てくるというわけだ。

調査を始めると、案の定、コーリャにとって抱合形はあまり許容できない表現であることがわかってきた。先にあげたような長い抱合形が出ないというだけでなく、「若いトナカイ」というような単純な修飾構造ですら、彼はもっぱら分析形を使って表す。思いあまって、こちらからチョチャ・イーラならこう言うけれどと抱合形を聞かせても、「わかるけど、一か月に一回くらいしか言わないな」と苦笑いする。この「一か月に一回」というコーリャ一流のユーモアは、私が問いただせばただすほど、「一年に一回」になり、しまいには「五年に一回」になってしまった。

どうやら、ロシア語の干渉を強く受けた若い世代ほど、抱合形が出にくくなるというのは本当のようだった。それにしても、チョチャ・イーラとコーリャ、わずか二〇歳足らずの年齢の違いが、許容できない文法構造を生み出している。これが、外来語の大量の移入などというレベルとは比べものにならない、まさに言語の構造そのものにかかわる重大な変容であることはまちがいがなかった。

初めてのツンドラ

コリャーク語の変容の大きさ、スピードの速さは、その後ツンドラで出会ったコーリャよりもさらに若い三〇代の青年のコリャーク語を分析することで、いっそう明らかになった。それはチョチャ・イーラに会えなかった二年目の夏のことである。その夏、エヴェンスク村に降り立つと、空港には初めてチャイブハ村で私を出迎えてくれたエヴェン人女性、リーリャが再び待っていてくれていた。彼女は開口一番に「ヴェルフ・パレニにいっしょに行こう」と誘ってくれた。ヴェルフ・パレニはジャジャ・ヴァロージャの故郷、チョチャ・イーラが子ども時代を過ごした村でもある。そのヴェルフ・パレニ

チャイブギ・ヴラディミル・イヴァノヴィチさん

の川でリーリャのコリャークのお舅さん、セリョージャさん が張っているフィッシング・キャンプに合流して、鮭を捕るのだという。エヴェンスクで落ち着いて調査ができないのは心残りだったが、なによりもコリャークの人々が伝統的な生活を送っている現場を見ることができるのだ。私は迷うことなく、「うん」と返事をした。

「アンノシカ」と地元の人が呼んでいる一〇人乗りの小型飛行機で、大量の荷物や人や犬たちと揺られて着いたヴェルフ・パレニ村のフィッシング・キャンプで出会ったのが、セリョージャさんを助けて働いているヴァロージャこと、チャイブギ・ヴラディミル・イヴァノヴィチさん（一九六四年生まれ）である。一日中休む暇もなく働きまわっている彼がようやくコリャーク語で話してくれたのは、コリャークが伝統的に用いてきた覚醒作用をもつベニテング茸の話だった。子どもの頃、父親に勧められて噛んだおかげで、何十キロもの距離を疲れ知らずに歩くことができたという内容だった。後で、テープを聞き返してみると、彼の語りは、もはやロシア語で内容を説明してもらわないと理解できないほどにコリャーク語としての形をなしていないことが判明した。コーリャのコリャーク語にはなかった文法的な間違い、屈折部分込みのロシア語の借用などが多く、これをコリャーク語と呼んでいいのか迷ってしまうようなものだった。

コリャークの人々が伝統的な生業を営んでいるツンドラで、見た目にはいかにも伝統的なコリャーク然としているにもかかわらず、若い世代はもはや自分たちの言語をまともに話すことができなくなっている。まさに、コリャーク語は音を立てて崩れていっている。それを目の当たりにした衝撃は、ほとんど恐怖に近いものだった。

とはいえ、このツンドラ行は、私にまったく別のひとつの大きな意味をもたらした。コリャーク語の現実はともかくも、ヴェルフ・パレニの自然はあまりに美しく、そしてそこに暮らすコリャークの人々はあまりに素朴で優しかった。自分の仕事とコリャークの人々のおかれている現実の距離を縮めるために恐らくいちばん大切なもの、それはなによりもコリャークの人々に対する愛着にちがいない。その大切なものを私はこの旅でもらったのだ。

〈5〉現地還元の道を探し始める

コリャーク語を忘れるためのコリャーク語教育

コーリャからヴァロージャへと、コリャーク語の急激な変容のありさまを追いかけていくうちに、いつしか私の足はコリャークの子どもたちが学ぶ寄宿学校に向かうようになっていた。子どもたちの大半がロシア語に同化してしまっていることは聞かされていたものの、実際にはその度合いには凹凸もあろう現状をこの目と耳で確かめておきたかった。

この頃までには、チョチャ・イーラとジャジャ・ヴァロージャもチャイブハ村の家をたたんでエヴェンスク村に移住してきていて、私のフィールドワークもようやく軌道に乗ってきたと言える。チャイブハよりもコリャーク人口の多いエヴェンスクでは、おばさんとの調査は今までのように続けながら、新しいインフォーマントを開拓することもできた。もっとも、おばさんたちにしてみれば、長年住み慣れたチャイブハを離れなければならなかったことが、辛い選択でなかったはずはない。とはいえ、経済不況のためにロシア人が次々と去り、急速に過疎化していく村に老夫婦で残るのはあまりに心細かっただろう。息子一家の住むエヴェンスクに居を移すのは当然のなりゆきだった。

私が通うようになったのは、エヴェンスク村にあるセヴェロ・エヴェンスク地区民族寄宿学校である。ここでは、主にエヴェンとコリャークの子どもたちが、ツンドラの親元を離れて寄宿舎生活を送り、学んでいる。村で私が出会った若いコリャーク語の話し手タチアーナ・ユーリエヴナ・エルモリンスカヤ（通称ターニャ）（一九五九年生）さんがここでコリャーク語を教えており、誘われて授業を参観させてもらったのがきっかけとなった。

一九九九年の春のことだった。朝八時だというのに、まだ真っ暗な道を硬い雪をきゅっきゅっと踏みしめながら行くと、寄宿学校にはすでに明かりが灯っていた。私が見せてもらったのは、日本の中学二年生にあたる八年生の授業だった。全部で一〇人ほどの小さなクラスの一人一人の生徒に、ターニャは丁寧にコリャーク語で話しかけながら授業を進めていた。しかし、生徒たちの反応はいまひとつだった。八年生といえば、もうそれなりにコリャーク語の蓄積があってもいいはずである。ところが、交わしているのは、「あなたの名前はなんですか?」「あなたのお父さんはどこにいますか?」「あなたのお母さんはなにをしていますか?」などごく初歩的な会話だった。何年もコリャーク語を学んでいるはずの子どもたちのコリャーク語のレベルが、私たちの習いたての英語のレベルと大して違わないのだ。授業の中で親のことを聞かれ、子どもたちの何人かが空ろにつぶやいたヴィーイ（viŝi）「死にました」、アヴェータトケ（avetatke）「無職です」という返事が、いま目の当たりにしているコリャーク語の希望の見えない状況と呼応して、私を暗澹とした気持ちにさせた。

このように、寄宿学校ではコリャーク語の授業がおこなわれているとはいえ、それは母語教育というのにはほど遠い。各学年それぞれ週五コマずつあるロシア語とロシア文学の授業に比べれば、コリャーク語の授業数はあまりに少ない。一年生から七年生までは週三コマ、八年生は二コマ、九年生から一一年生になるとさらに減って一コマだけになってしまう。少々意地の悪い見方をするならば、低学年で授業数が多いのは、ツンドラから出てきたばかりでまだ多少はコリャーク語のわかる子どもたちが、スムーズにロシア語に移行していくための巧妙なしかけのようにも思われてくる。高学年の子どもたちのコリャーク語能力の低迷は、そのように考えないことには説明がつかない。寄宿学校のコリャーク語教育は、つまるところ、コリャーク語を忘れ

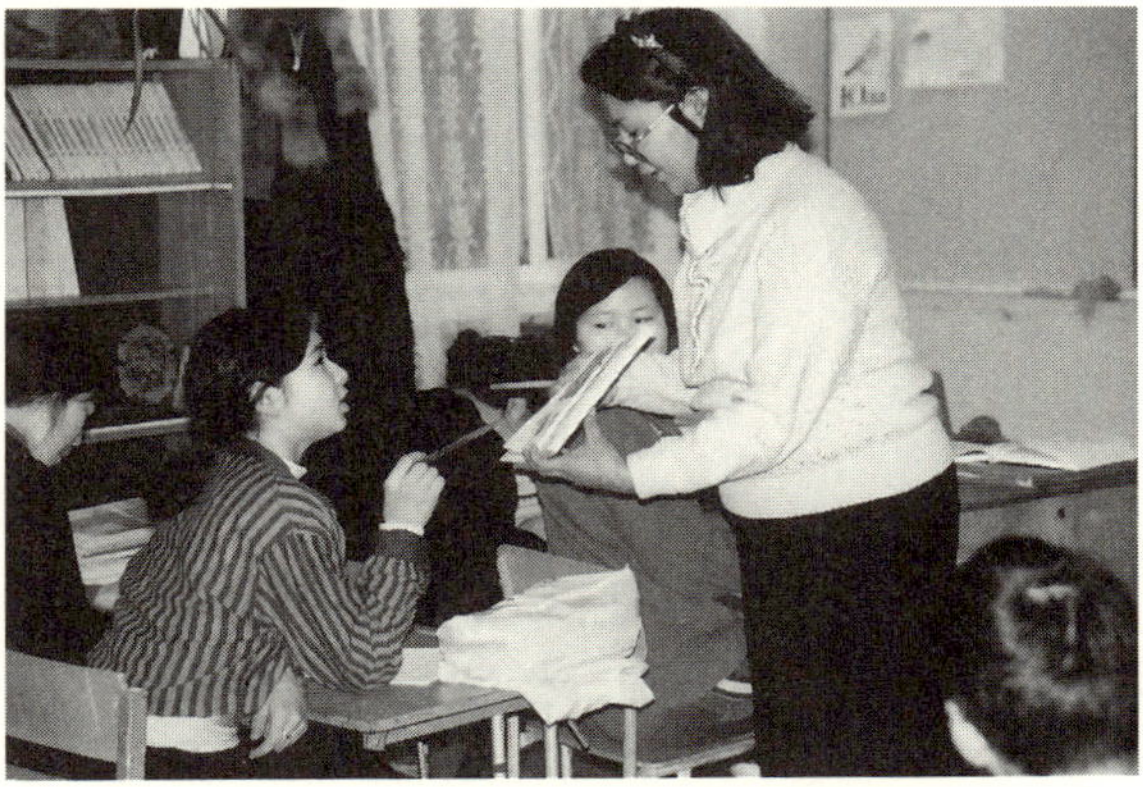

エヴェンスク民族寄宿学校でのコリャーク語授業は母語教育にはほど遠い。

ていくための教育にすぎないのかもしれないのである。

たしかに、子どもたちのなかには、寄宿学校に来るまでは多少なりともコリャーク語が話せた子どももいるであろう。しかし、彼らのかけがえのない民族語の能力も、ロシア語漬けの寄宿学校生活では早晩失われてしまう。もちろん、寄宿学校制度が義務教育の普及に果たした役割はそれなりに評価しなければならない。しかし、こと民族語の保持という面から言うならば、そのマイナスの影響はあまりにも大きすぎた。

そして、ヴァーニャに出会った

それでも、私はすっかり望みを捨ててしまったわけではなかった。子どもたちのなかにコリャーク語が流暢に話せる子は本当にいないのかとターニャに問いただすと、彼女は「ヴァーニャ・イテックなら大丈夫」と言って、私をその少年に引き合わせてくれた。その少年に私は見覚えがあった。ヴェルフ・パレニの村で一人の老婆を訪ねたとき、そこにいたのが彼だった。近所に住む両親とは別に、彼だけは夏休みの間、体の弱い祖母といっしょに暮らし、手伝いをしていたのだった。その老婆からはコリャークの文化英雄クイケニャーコにまつわる長い民話を採録したが、控えめなヴァーニャからはついぞ一言も声を聞くことがなかった。

「自分の家族のことをコリャーク語で話してくれない？」という私の誘いに応じて、ヴァーニャは恥じらいがちに話し始めた。家族がヴェルフ・パレニにいること、祖母が病気がちなこと、冬になると父親がトナカイ放牧に出かけていくことなど、緊張して時に口ごもってはいたが、それでも、ベニテング茸の話をしてくれたヴァロージャよりもずっと流暢なコリャーク語だった。ヴァーニャのこのように高いコリャーク語能力は、言うまでもなく祖母との暮らしのおかげだった。寄宿学校に来てからはコリャーク語で話す機会はぐんと減ったが、それでも夏の三か月はたっぷり祖母のコリャーク語を聞くことができるのだ。

ヴァーニャに会って以来、私は自問自答を始めた。子どもは言語の未来への継承者である。その子どもたちの大半がここセヴェロ・エヴェンスク地区

ヴァーニャと私

では民族の言語、コリャーク語を失ってしまった。しかし、たとえ一人でも、コリャーク語を未来に継承していく可能性を残した子どもがいる。この事実を無視して、記録保存の仕事だけに没頭することが、研究者として果たして許されるのだろうか。

しかし一方、こんな声も聞こえてきた。言語は変化する。それが言語の常態であるならば、たかだかひとつの小さな言語の生き死ににやっきになることなどないではないか。そうしたところで、せいぜい消滅のスピードをほんの少し遅くするくらいのことしかできないだろう。

だが、コリャーク語の死は自然死ではない。暴力的に、激烈にコリャーク語は死の淵に追いやられている。そして、そのような死は、常にそれを話す人々にもはかりしれない痛みや苦しみをもたらすのだ。言語と人々のおかれている厳しい現実にきちんと対峙せずに、フィールド言語学者などとは言えないのではないか。考えれば考えるほど、私には他にどんな答えも見つからないのだった。

●子どもたちの柔軟な造語能力

ヴァーニャのコリャーク語が筋金入りであることは、マガダンでコーリャにしたように抱合の聞き取りをして判明した。他の少しはコリャーク語が話せる子どもたちからもいっしょに聞いてみることにした。今度は名詞語幹と動詞語幹が自由に合成される名詞抱合の例を聞き出してみたかった。まず「私はトナカイを殺した」をコリャーク語でなんと言うかと尋ねたところ、他の子どもたちがやっとのことで分析形で言うところを、ヴァーニャは苦もなく、トゥコージャンマートゥク（t-ə-qoja-nm-at-ə-k-ø）（t-‥-k 一単主、-ə-挿入、qoja「トナカイ」、nm「殺す」、-at 逆受動、-ə-挿入、-ø 過去）と抱合形で答え、こっちの方が短くて簡単だからとけろっとし、同様の抱合形の例を次々に面白がって作ってくれた。

これは、まさに言語習得の発展途上にある子どもが、いかに柔軟な造語力を発揮するかを示す好例であった。ロシア語に同化していくスピードの速さも、コリャーク語を豊かに展開させていく柔軟さも、実はいずれも子どもがもつ綿のように吸収力のいい脳のなせるわざなのである。言語の保存度は年齢の上から下へという固定概念を打ち破る事実を前にして、言語習得の臨界期を越えた大人にはできないことでも、子どもたちならできることもあると、私は少し勇気をもらったような気がした。

この調査をしているうちに、私はもうひとつの面白いことに気がついた。抱合形を次々に言っていくヴァーニャを見ているうちに、他の子どもたちも抱合のなにかに気づいたようだった。一人の子が「こんな言い方も聞いたよ」と教えてくれたのは、トゥポルミトゥク（tәpolmitәk）「私は床をみがいた」という抱合形だった。この語には、なんとpol←ポル「床」とmit←ムィティ「洗う」というロシア語の名詞と動詞が抱合されているのだった。

こうして、若い世代では失われかけていると思っていた抱合が、一方ではがっちりとした構造的枠組みとして保存されており、ロシア語の借用語さえもその枠組みに組み込まれうるということもわかってきた。ひとつの言語が変化する、その変化の中身の多様性に、私は興奮した。

お前なんかもう来なくてもいい

チョチャ・イーラとの調査、その補完的な意味をもったターニャたちとの仕事、子どもたちとのかかわり、そのひとつひとつを必死でこなしていくのに精一杯で、これらがどのように有機的に結びつき統合されていくのか、はじめのうちは見通しなどなにもなかった。それでも、ようやく、私はこれらが自分の中で静かにゆっくりと手を取り合い始めているのを漠然とではあったが感じるようになった。

いつしか私は、ツンドラに少なくとも半年くらい入って、今まだ生きた言語としてコリャーク語が話されている現場でじっくり調査をしておきたいと願うようになっていた。行く先は、コーリャの生まれたセヴェロ・エヴェンスク地区最北のトナカイ遊牧地クレスティキ。辺境の地であるだけに、伝統的な生活文化がより濃く残されているにちがいないと踏んだうえでの選択だった。とはいえ、そこに入って長期に調査をするためには、あらかじめ周到な準備をしておかなければならない。発電機、移動用のスノーモービル、燃料、食料など十分な装備が必要だった。幸い、それらの調達からトラックの手配までの一切を引き受けてくれる知人をえた私は、次の準備としてさっそく、夏のフィールドワークで一人のインフォーマントとコリャーク語の会話の練習を始めた。

その人は、毎朝早くから、冬に備えてベリー摘み、きのこ狩りに出かけていき、帰ってきたら帰ってきたでそれらの調理などで大忙しの合間を縫って、私の会話練習に熱心に付き合ってくれた。ところが、彼女が私との勉強を楽しんでくれているにちがいないと思っていた間抜けな私は、ある日、彼女から突然、矢のようなことばを浴びせかけられて凍りついた。「お前はコリャーク語を保存したいなどと言っているけれど、忙しい私たちからいろいろ聞いていくだけで、ここにはなんにも残していかないじゃないか。コリャーク語の保存、ふん、そんなことくらい自分たちでできるから、もう来なくてもいい！」

その夏の彼女と私の関係は最悪だった。アルコール中毒の彼女は、飲まなければ優れたインフォーマントだったが、飲み出すと何日でも平気で調査の約束などすっぽかしてしまう。「お前がコリャークは怠け者だと言ったことが腹立たしくて飲んだ」「お前がロシア人ときのこ狩りに出かけたことが許せなくて飲んだ」と、私を飲む口実にし始めたとき、私は彼女との間にひとつの危機が訪れたことを感じた。

激しい非難のことばに、私は隣の部屋でご主人が寝ているのもかまわず大泣きを始めた。泣きじゃくりながら、酒をどうして止められないのかと彼女をなじり、私の仕事をどうして理解してくれないのかと彼女を責めた。もう二度と来るもんかと半分、捨てばちな気分になっていた。

ところが驚くなかれ、この苦い出来事は、私のその後の仕事にまったく新しい展開をもたらしてくれたのである。その詳細は次章にゆずりたい。

〈6〉ムチギン・ジャジュチウン（私たちの家族）ができるまで

◎アリョーシャの死をとおして

私がインフォーマントの一人から厳しいことばを浴びたその夏は、村でたくさんの死者が出た夏でもあった。ツンドラで熊に襲われた人、脳溢血で倒れた人、工業用のアルコールを誤飲した人、アルコールによる幻覚症状におびえて首吊りした人など。そしてその多くがコリャークの青年、壮年たちだった。若い命がざくざくとなぎ倒されるようにして消えていく現場に立ち会うのは、もちろん、初めての経験だった。

その頃までに、私は村に小さな部屋を買い、そこで調査をするようになっていた。ある朝、チョチャ・イーラを待っていると、いつもは時間厳守の彼女が珍しく三〇分も遅れてやってきた。少し息を切らせてはいたが、いつものように静かに、甥のアリョーシャが亡くなったこと、それを口実に酒盛りが始まって誰も火葬の準備をしないので自分が取りしきることになったこと、私もぜひその火葬の様子を見ておいた方がいいこと、それだけを言い残すと彼女は帰っていった。

人の火葬に立ち会う、そう考えただけで私は少し身震いした。しかし、勇気を奮い起こしてアリョーシャの家に出かけていった。アリョーシャとは、私がマガダンで調査をしたコーリャのお兄さんで、コーリャが幼少時代の思い出を語ってくれた話の中に登場したので、私にはすぐに誰のことかわかった。しかし、生きている本人とは知り合う間もなかった。アリョーシャは五二歳という若さで脳溢血のために亡くなってしまったのだ。私が着いたときには、葬式の準備はすでに整えられ、アリョーシャはコリャーク式の死装束をまとって床に横たわっていた。それにしても、まともな家具などなんにもないがらんとした家だった。この家と妻と五人の子どもを残して、アリョーシャは亡くなったのだ。

間もなく、死者を火葬場に運ぶためのトラックがやってきて、亡骸を取り囲むようにして三〇人ほどの会葬者もいっしょに荷台に乗り込んだ。火葬のために選ばれた場所は、エヴェンスク村からトラックで二〇分ほど行った海岸だった。海辺近くまで迫っている丘陵がそこだけえぐられた見晴らしのいい場所に降り立ち、アリョーシャを地面に横たえると、会葬者はすぐに火葬の準備を始めた。大人も子どもも、もう何度も何度もこういう場に立ち会ったことがあるかのように手際よく、てきぱきと動き出した。男たちは谷伝い

アリョーシャの火葬

に丘を登ってたくさんの燃し木を集めた。女たちは焚き火を焚いて会葬者にふるまう鮭のスープの準備をした。そこでは大人たちは自然にコリャーク語を交わしていた。

燃し木が積み重ねられ、火葬の準備ができると、死者がその上に横たえられた。燃やしている間に破裂しないように、介添えの女性の手によってその腹にナイフで切り込みが入れられると、燃し木に点火され、やがて死者は勢いよく燃え出した。その一部始終を会葬者全員が見守っていた。

私はこの様子を少し離れたところから眺めながら、不思議な思いにとらわれていた。死とどのように向き合うか、それはおそらくある民族の世界観、人生観の究極の縮図に違いない。その死の場面で、私はコリャークの人々が老若男女ひとつになって生き生きと立ち働いている姿に接した。これは一体どういうことなのだろうか。もちろん、チョチャ・イーラの陣頭指揮なしにはありえなかった火葬ではあろう。中には酔って足元も覚束ない人もいる。いつもひもじい思いをしている子どもたちの中には、そこで振る舞われる食事目当てでついてきた子もいるだろう。それでも、彼らが懸命に燃し木を集めたり、食事作りをしたりしているその姿に、私はなにか尊いもの、厳しい現実を生きることを強いられてもなお、かろうじて世代から世代へと受け継がれていこうとする民族の魂を見る思いがして、胸が熱くなった。

◎小さな輪作りの手伝いをしたい

おそらくそのときから、私は変わった。始めはもう二度と来るものかと思い、しばらくすると、今度来たら、アルコール中毒の彼女にこんなことも言い返そう、あんなことも言ってやろうと思っていたのに、そんなことはすべてもうどうでもよくなってしまった。私にはようやく、自分がやらなければならないことが見えてきた。それは、コリャーク語が世代から世代へと受け継がれていく場を現地の人たちと協力して作っていくことだった。それが恐らく、さまざまな世代のコリャークとのかかわりの中でゆっくりと醸成されてきた、研究者である私のやるべきことだった。

とはいえ、すぐに何を具体的にやるべきかが見つかったわけではなかった。もちろん、よそ者が村の政治に介入することは許されない。ロシア語を敵対視することも私の本意ではなかった。なぜなら問題なのは同化をうながす政治の方であり、ロシア語そのものではないからだ。小言語であるコリャーク語も大言語であるロシア語も、言語という地平から見れば、かけがえのなさという点でなんら異なるところはない。優劣は、政治や経済といったおよそ言語のあずかり知らぬところでつけられるものにすぎないのである。

そのロシア語への急激な同化が厳然とした事実としてある以上、もはや、おめでたいモノリンガルに戻ることはできない。残されているのは、このまま流れに掉さして同化の道をたどるか、主体的なバイリンガルとしての生を生きるかのどちらかだ。そのような状況の中で、結局、私ができることといったら、あくまでも舞台裏で、コリャークの人々、とりわけ言語の未来への継承者である子どもたちがコリャーク語に興味をもち、そのことを通じて自民族の文化を見直すようになるための小さなきっかけを作ることくらいだった。

そんなことを考え続けていたあるとき、ふと私は次のことばに出会った。「小さく始めよう。子どもたちを通じて親たちを引き込もう、親たちを通じてそのまた親も引き込もう、小さく始めてその輪を広げていこう」。このことばは、ワラパイ語というアメリカ・インディアン語の復興保存に長年携わってこられたカンザス大学の山本昭先生が、国際シンポジウム「危機に瀕した言語」(二〇〇〇年一一月二三〜二五日)の講演集に寄せられた論文の一節だった。長いフィールドとのかかわりの中から紡ぎ出された、これ以上ないほどシンプルな、しかし経験に裏打ちされたその力強いことばに、私は目を見張った。

これならできるかもしれないと思った。自分ひとりで大きな輪を作ってそれを動かすことなど到底できないが、小さな輪を作る手伝いならできる。そう思った瞬間から、面白いようにやりたいことが次から次へと浮かんできた。私のアパートに老人から子どもまでさまざまな世代のコリャークの人たちを招いて、そこで交流会をしよう。できるだけ皆でコリャーク語を話そう。チョチャ・イーラには民話を話してもらおう。ジャジャ・ヴァロージャにはトナカイ橇《そり》の道具の話をしてもらおう。子どもたちはコリャーク語を使ったゲームをしたらいいだろう。私もついでに日本の民話「ねずみの嫁入り」をコリャーク語で話して聞かせよう。そして、ヴァーニャ少年には老人たちとコリャーク語のわからない子どもたちの間の橋渡しをしてもらおう。

チョチャ・イーラに話してもらいたいと思ったのは、私が一九九五年に彼女から採録した「カワメンタイとカレイ」という民話だった。カレイとチョウザメとタラがどうして今のような姿になったのか、その由来をユーモラスに語ったこの民話を、私は自分の作ったテキスト集の中で眠らせておくだけではもったいないと思っていた。なによりも、生きた民話として再生させ、子どもたちに伝えたいと思った。一人の友人が、コリャーク語がわからない子どももいるならば、民話は紙芝居にして持っていったらいいとアドバイスしてくれた。別の友人が思いもかけず、プロの画家、大和温《あつし》さんを紹介してくれた。私の話に賛同してくれた大和さんは、三日もたたないうちに、その民話を八枚の美しい絵にして持ってきてくれたのだった。

◎子どもたちが名づけたムチギン・ジャジュチウン

二〇〇〇年の暮れ、エヴェンスクに着くと、私は空港に迎えに来てくれていたコリャークの友人たちに、さっそく、この計画を切り出した。皆、すぐに賛成してくれて、またたく間に交流会が開かれる運びとなった。招待状の配布、プログラム作り、会場設定など、寄宿学校のコリャーク語教師ターニャ

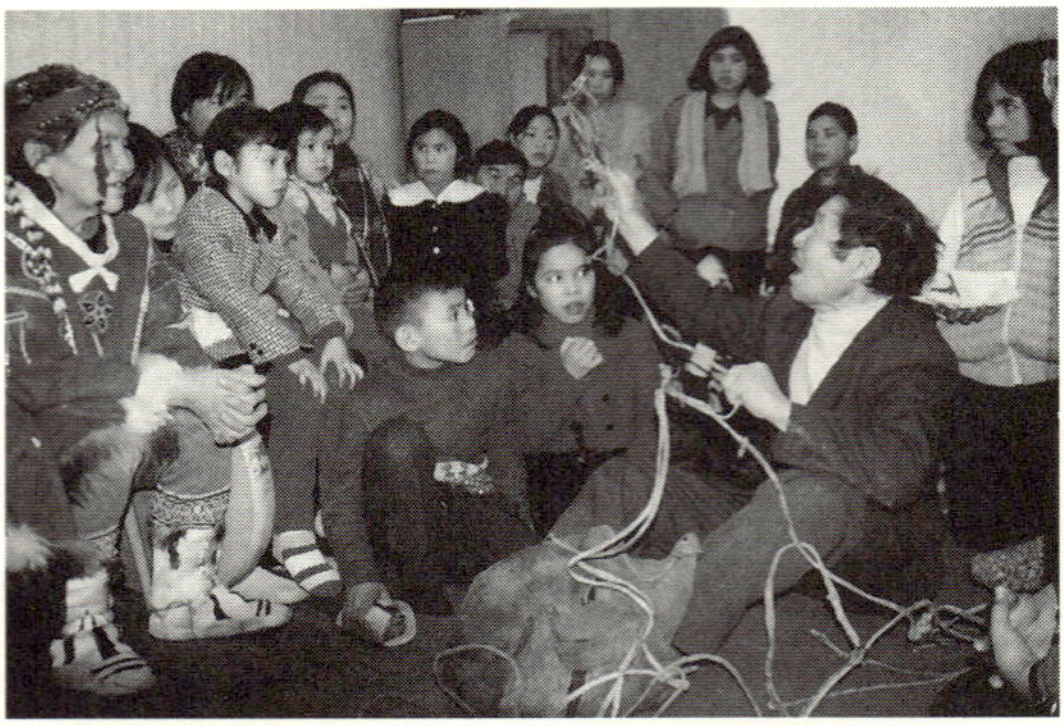

ムチギン・ジャジュチウンでジャジャ・ヴァロージャから橇用の網についてコリャーク語での説明に耳を傾ける子どもたち

が中心となり準備は着々と進められた。思いもかけずロシア人の友人までが、お菓子を焼いて差し入れしてくれた。

こうして、二〇〇一年一月四日、初めての交流会が私の小さなアパートで開かれた。会には、三〇人ほどのコリャークの人々が集まった。

ターニャのコリャーク語によるはじめのことばに始まり、コリャーク語での自己紹介、それに次ぐチョチャ・イーラの紙芝居、子どもたちによるコリャーク語の単語言い競争、ジャジャ・ヴァロージャのトナカイ橇につける道具の説明など、コリャーク語がわからない子どもたちも、知っている単語がひとつでも出てきはしないかと貪欲に耳を傾けた。ねずみの娘を「メグミ」、お婿さんをコリャークの「太郎」とでも言うべき「カマク」にしたてた日本民話「ねずみの嫁入り」も、練習不足のわりにはなかなか好評だった。

こうして、会も終わりに近づいた頃、子供たちからこれからも交流会を続けて行きたいという希望が出された。それなら会の名前を考えようじゃないかということになり、子どもたちの一人が提案した「ムチギン・ジャジュチウン（私たちの家族）」という名前に満場一致で決まった。

◉共に働く関係に

結果的には、ムチギン・ジャジュチウンを立ち上げるためにだけ行ったようなこの短いフィールドワークから帰国すると、私はさっそく、大和さんの描いてくれた絵とチョチャ・イーラの語りを合体させて、コリャーク語の絵本を作る準備を始めた。子どもたちが直接コリャーク語で読むように、本文にはロシア語訳を入れず、コリャーク語とその英訳だけにした。そして、解説にロシア語版も載せることにより、この絵本ができた経緯を現地の人に読んでもらえるようにした。文部省科研費特定研究（A）「危機に瀕した言語」の代表者である宮岡伯人先生（大阪学院大学）も、その出版部門の責任者である崎山理先生（滋賀県立大学）も、絵本を成果刊行物のひとつとして出させていただきたいという私の突飛なお願いを快諾して下さった。出来上がった絵本のうち、五〇〇冊を現地に送るようにと分けてくださるとき、宮岡先生は「五〇〇人話し手を増やすつもりでやりなさい」と励ましてくださった。

一方、現地からも思いがけない便りが届いた。私の帰国後、ターニャが自分のコリャーク語の授業に定期的に老人たちを招いてコリャーク語で話をしてもらう機会を作ったこと、交流会で一人の子どもが歌っていたコリャーク語の歌を、授業で習っていること、コリャークの祭りを自分たちで復活させる準備を始めたこと、いずれも彼らが自発的に始めたことだった。

私が撒いた一粒のほんの小さな小さな種。そこから、もうすでにいくつかの芽が顔を出し始めているのだ。これまで、コリャーク語を教えてもらうだけの一方通行の関係だけだった現地の人々との関係が、共に働く関係に質的に転換したのを自覚したとき、私はようやく自分がコリャーク語を研究する意味にかちんと掘り当たった思いがした。

私の次の目標は、子どもたち自身が集めた民話をテキストとしてまとめたり、絵本にしたりするサポートをすること。コリャーク語を保存していく主体は、あくまでもコリャーク自身、とりわけ、コリャーク語の未来への継承者である子どもたちであるべきとの思いからである。私はあくまでも縁の下の力持ちに徹し、彼らが主体的に立ち上がっていく姿をしっかり見守って行かなければならない。

III

そしてツンドラへ

言語人類学的研究の
最後の可能性を探る

〈1〉「生きた」コリャーク語をもとめて

コリャークの生業の現場へ

二〇〇一年九月四日朝一〇時、私たちを乗せた一四年ものの老トラック「ウラル」は、いよいよエヴェンスク村を出発した。同乗している七人のうち、コリャークはアヤトギーニンさんご夫妻とゾーヤ・インノケンティエヴナさんの三人。ロシア人は、ムースの角を求めてやってくるアメリカ人旅行客の狩猟行に同行する密猟監視員マトヴィエンコ氏とその若い助手セルゲイ、この調査行の一切合財を現地で一年前から準備してくれていたヴラディミル・ペトロヴィッチ氏、そして、小柄だけど頼りになる運転手のヴァロージャ。

私はこれからセヴェロ・エヴェンスク地区最北に位置するコリャークのトナカイ遊牧基地、クレスティキに半年間の長いフィールド調査に出かけようとしている。その半年分の食料やら、電気のない基地でコンピュータを動かすための発電機やら、その発電機を動かすためのガソリンやらなにやらを乗せたウラルに揺られて、私たちはまず三〇〇キロ離れた米露合作の金鉱に別れを告げ、残りの五人は、オモロン川をモーターボートで一〇〇キロ下ってクレスティキに向かう。

こうしてツンドラへの旅は始まった（写真上）
半年分の荷物をボートに積み込む（写真下）

ゾーヤさんと私はちょっぴり特別扱いでトラックの助手席に、他の人たちは幌《ほろ》もない荷台で空を仰ぎながらの旅。ツンドラのでこぼこ道を大きく斜めに傾きながらも切り抜けていくヴァロージャのハンドルさばきの見事さに、中年熟女二人組みは年甲斐もなく感嘆の黄色い叫び声を上げながら、旅は始まった。

ツンドラのすばらしさはすでにヴェルフ・パレニで経験ずみだったとはいえ、丘陵地帯から平野へ、平野から切り立った山岳地帯へと多彩に変化する、クバクまでのほとんど手つかずのままの自然の景観は、あらためて私を虜《とりこ》にした。二〇〇メートルくらいしか離れていない山間を熊が重たげに走って行ったり、目の前をキツネがふさふさの尻尾を揺らしながら横切っていったり、ツンドラはまったく野趣に満ち溢れていた。

ツンドラに行き、コリャークがいまだ伝統的な生業を営んでいるその現場を今のうちに見ておきたいという私の数年来の願いは、今ようやくかなおうとしている。このツンドラ行は、やっと乗り出したばかりのエヴェンスク村での「ムチギン・ジャジュチウン」の活動がしばらく棚上げになってしまうことも承知の上での決断だった。そうまでしても、私はどうしてもツンドラでまとまった期間、フィールド調査をしておかなければならないと思っていた。それには、もちろん、それなりの理由があった。

私はこれまでの七年間、コリャーク語のフィールド調査をいくつかの村で続けてきた。チョチャ・イーラという優れたインフォーマントに恵まれてはいても、コリャークの生業の現場からは遠い、テレビも水道もある村では、調査がコリャーク語の文法的な記述に傾くのは当然のなりゆきだった。

しかし、この地域のコリャークが生きるツンドラで、彼らの主たる生業であるトナカイ牧畜をめぐる言語人類学的調査ができる時間は、すでに秒読みの段階に入っている。ペレストロイカにより引き起こされたロシア国内の経済的混乱の影響を受け、トナカイ牧畜は急激な衰退に向かっている。給料遅滞によるトナカイ遊牧民たちの労働意欲の減退、狼の被害の増大などによって、トナカイ頭数はここ数年で激減した。ちなみに、クレスティキ直轄の第五ブリガードでは、一九九三年、ソフホーズ所有、個人所有を含め全二三〇〇頭あまりいたトナカイが、八年後の二〇〇一年には、わずか一六〇頭あまりを数えるだけになった。トナカイ頭数の激減にともない、セヴェロ・エヴェンスク地区に当初一四あったブリガードは閉鎖、統合を繰り返し、今では五つのブリガードを残すだけとなった。

このような状況を耳にするにつけ、ツンドラを舞台とした彼らの生活の中から民俗語彙や民話を掘り起こすために残された時間が限られていることを、私は痛感していた。

言語の主要な働きが、当該の民族を取り巻く多様な環境を認識・分類すること、すなわち範疇化することであるならば、この地域のコリャークの本来の住地であるツンドラでこそ、その範疇化のありようは探られなければならないはずである。

●野生トナカイと家畜トナカイの死の異なる範疇化

それればかりではない。村での文法的な調査でも、時にわずか一つの例文をめぐっても、現場さえ見ていれば当然わかるはずのことが理解できないというジレンマが常につきまとっていた。

たとえば、チョチャ・イーラがグニーネト　コージャト　ヌメルキネト(ɣəninet qojat nəmelqinet)「あなたの二頭のトナカイはいい」(ɣənine「あなたの」、-t 絶双、qoja「トナカイ」、-t 絶双、n-:-qine 形容詞形成、-ə- 挿入、

mel「よい」、-t 絶双）と言ってくれたとする。（コリャーク語は名詞の文法範疇のひとつとして、絶対格で単数・双数・複数の区別をする。右のグロスの「絶双」とは絶対格双数のこと。また、動詞や形容詞などの述語にも主語や目的語の人称・数が標示される。）

コリャークの人にとってみれば、この例文が橇《そり》用のトナカイのことを言っているのだということはわざわざ説明してもらうまでもなく明らかである。なぜなら、コリャークの橇は常に二頭立てで走るので、コージャト（qojat）とトナカイが双数形で現れる場合には、彼らにはそれが橇用に訓練されたトナカイであることは自明のことだからだ。ところが、何年もフィールドに通っていながら、トナカイ橇が走っているのを実際に見たことがない私には、これがピンとこない。トナカイの群れの中にいるどれか二頭のトナカイを指してそう言っているのだろうぐらいにしか想像が働かない。ましてや、二頭立てで走るトナカイ橇がなにで作られ、どのような構造になっていて、どのように利用されるのかという、わずか「二頭のトナカイ」という一語の背後に広がっているはずの豊かな文化的背景など知るよしもないのだった。

同様の例をもうひとつ。コリャーク語では「家畜トナカイを殺す」と「野生トナカイを殺す」は、野生か否かの違いはあるものの、同じ種の同じ「殺す」という行為でありながら、その表し方が異なる。

まず、「家畜トナカイを殺す」の方は、二種類の表現が可能である。すなわち、そのひとつは抱合的表現、もうひとつは分析的表現である。前者の抱合的表現は、「トナカイ」を表すコジャ（qoja）を「殺す」という自立動詞語幹ヌム（nm）に合成させることによって作られる。たとえば、「私はトナカイを殺した」の抱合的表現は、すでに第II部でも見たように、

トゥコージャンマートゥク（t-ə-qoja-nm-at-ə-k-ø）「私はトナカイを殺した」

となる。

かたや、後者の分析的表現は、「トナカイ」を動詞とは別個に分析的に表す方法である。同じ意味が次のように表される。

コジャーガ　トゥンムグウン（qojaŋa　t-ə-nm-ə-ɣəʃən-ø）「同右」

(qoja「トナカイ」、-ŋa 絶単、t- 一単主、-ə-挿入、nm「殺す」、-ə-挿入、-ɣəʃən 三単目、-ø 過去)

この両者には、前者の抱合的表現が行為の一般性、習慣性を表すのに対し、後者の分析的表現が行為の一回性、特殊性を表すという機能的違いがあると考えられている。

一方、「野生トナカイを殺す」ではいささか事情が異なる。すなわち、分析的表現は家畜トナカイの場合同様、可能であるが、抱合的表現は許されない。つまり、名詞語幹を抱合した*トゥルウェンマートゥク（təlwenmat-ək）は非文となり、次の分析的表現だけが許される。

ウルウェウル　トゥンムグウン（əlweʔəl t-ə-nm-ə-ɣəʃən-ø）「私は野生トナカイを殺した」（əlweʔəl「野生トナカイ」絶単、t- 一単主、-ə-挿入、nm「殺す」、-ə-挿入、-ɣəʃən 三単目、-ø 過去）

これはおそらく、習慣的行為を表す際に用いられる抱合的表現が、野生トナカイを殺すというコリャークの人々にとってみれば非日常的な行為には適切ではないからだろう。コリャーク語では代わりに、「食べる」を意味する語彙的接尾辞-u（-u/-o）を用いて、「野生トナカイを殺す」という意味を表す（トゥルウク（t-əwl-u-k-ø）「同上」[t-‥-k 一単主、əlw「野生トナカイ」、-u「食べる」、-ø過去]）。家畜化されているトナカイ、犬以外の野生動物には、すべてこれと同様の表現が用いられる。

このような言語表現上の違いは、動物資源というひとつの自然環境に、コリャークの人々がどのように適応対処しているのかを知らなければ理解できないことはいうまでもない。にもかかわらず、私たち言語研究者は言語そのものの仕組みを明らかにしようと急ぐあまり、このような基本的な理解をすっ飛ばし、不自然な例文をインフォーマントに押しつけて平気な顔をしていることが往々にしてある。これが極端になると、言語学者は言語のことだけやっていればいいのだから、わざわざしんどい思いをしてまで辺鄙なフィールドに出かけていく必要などないだろうということになる。

もちろん、これが、言語が当該民族の環境認識、範疇化をつかさどる、いわば文化の土台とでもいうべきものであることを無視した暴論であることはいうまでもない。私自身は、少なくとも書かれた資料の少ない言語に取り組もうというのならば、条件が許すかぎり進んでフィールドに、それもその民族の伝統的な生業がいまだ残され、言語が用いられている現場に出かけていくべきだと考える。

そしてなにより、そのような「生きた」コリャーク語は、今、記録しておかなければ永遠に失われてしまうだろう。今からちょうど一〇〇年前、北米のジェサップ北太平洋探検隊（The Jesup North Pacific Expedition）に参加してコリャークの民族学的現地調査をおこなったヨヘルソンは、『コリャーク』（一九〇八）という八〇〇ページに及ぶ大部の民族誌を著した。これは、コリャークの精神、物質両面にわたる広範な記述と、一三〇編に及ぶコリャークのフォークロアの収集において、今でも他の追随を許さない民族誌として高く評価される。とはいえ、フォークロアは英訳が付されているのみで、コリャーク語のオリジナルはあげられていない。その一例を取ってみても、ヨヘルソンの記述ではややもすると言語的側面が等閑視されがちであることは否めない。

トナカイ遊牧というこの地域のコリャークの主たる生業が年々、急速に先細っていくなかで、生業と密接に結びついたコリャーク語を記述するといういわば言語人類学的調査は、なにはさておき緊急に進められなければならなかった。

●トナカイがいるうちに

ここで、私が半年間のフィールドに選んだトナカイ遊牧基地クレスティキと、その周辺の第五、第一三の二つのトナカイ遊牧ブリガードについて簡単に紹介しておこう。

まず、北はチュクチ自治管区と境を接するクレスティキは、基地の南を流れるクレスティキ川沿いに発見された「クレスト（十字架）」に由来すると言われている。ここには二〇〇二年一月現在、コリャーク五一人、チュクチ族四人、エヴェン族四人、ロシア人一人の全六〇人の住民が暮らしている。クレスティキは、かつて周辺のブリガードからトナカイを一斉に集めてきて大量屠殺する基地として機能していた。しかし、ペレストロイカにともなうブリガードの削減、トナカイ頭数の激減にともない、屠殺基地としての機能は完全に失った。公的機関と言えば、唯一、三年制のクレスティキ初等小学校があるだけで、ここには村長もいなければ村役場もない。一八戸の住民が

クレスティキの地名はこの十字架に由来する
（写真上）
クレスティキの人々。ほとんどが親戚同士
（写真下）

それぞれに、あるものは小学校で働き、あるものは年金生活者として、そしてまたあるものはブリガードでの人員削減で解雇されて以来、無職のままフィッシングや狩りをしながら暮らしている。基地の人々は行政の中心エヴェンスク村と無線による遠隔統轄でつながっているだけなのである。

一方、クレスティキ周辺の第五、第一三の二つのブリガードは、今でもトナカイ遊牧を主たる生業として営んでいる。とはいえ、これらのブリガードには、もはや往時の豊かなトナカイ遊牧地としての面影はない。第五、第一三の二つのブリガードは、これまでそれぞれかろうじて独立で遊牧してきたが、実はこの二つのブリガードの統合も時間の問題なのである。私がクレスティキを去る二〇〇二年二月には、すでにエヴェンスク村の地区政府から、ソフホーズ離脱による私有化かソフホーズに属したままのブリガード統合かをせまる通達が無線で伝えられ、この話は具体化の方向へと確実に動き出していた。ソビエト時代、トナカイ遊牧がまだ全盛の頃に第五ブリガードのブリガード長として働き、今は年金生活者として現役を退いている私のインフォーマント、イカヴァヴ・ヴィクトル・イカヴァヴォヴィッチさんは、自分もトナカイもまだ元気だった一〇年、二〇年前だったなら、進んでソフホーズ離脱の道を選んだだろうが、今、自分たちに残されているのは統合の道しかないと寂しげに語っていた。

まさに、ツンドラからトナカイが消え去る日は目前に迫っている。トナカイがまだ残っている今のうちにできるだけの調査はしておかなければならないと、私は覚悟を決めた。

〈2〉ツンドラの生き証人たち

◎戸籍調査から始める

エヴェンスクから四日がかりの長旅の旅装を、同行したクレスティキ初等小学校の先生ゾーヤ・インノケンティエヴナさんの家に解くと、私は翌日から早速、各戸をまわって「戸籍調査」を始めた。これは私にとっては異例のことである。

エヴェンスクを発つ前に、クレスティキ在住のコリャーク語話者にはどのような人がいて、誰がよく話せるか、誰がコリャークの伝統文化に通じているかはあらかじめ聞いてはおいた。

それに社会言語学者ならともかく、私たちのような言語構造の記述を目的とする言語学者は、これだと目をつけたインフォーマントさえ見つかれば、わざわざ一軒一軒、戸籍調査までして歩かないものである。たとえば私の場合、長くて二か月の通常の調査期間に、呑気に家庭訪問している暇などない。しかし、私は最初から言語人類学的色合いの強い今回の調査には、基地に暮らす住民に関するきちんとした情報が不可欠だと考えていた。一八戸ほどの家族ならば、午前と午後に一軒ずつまわれば、一〇日で戸籍調査は終わる。その間には、波長の合うインフォーマントも見つかるだろうし、いろいろ思いがけない面白い話も聞けるだろう。

案の定、戸籍調査はその後の調査に大いに役に立った。人口、民族構成、使用言語、出身地、生計の立て方などといった基本的な情報をえられたことはもとより、なによりも全住民を見渡したうえで、これはと思うインフォーマントを自分で選べたのは正解だった。

コリャーク語が流暢に話せるからといって、誰でもインフォーマントにふさわしいというわけではない。二、三時間に及ぶ長い調査に辛抱強く付き合うのが苦手な人もいるし、実際、忙しくてそれどころではないという人もいるだろう。また、言語表現上の細かなニュアンスの違いなどには無頓着で、「みんなおんなじ」で済ませてしまう荒っぽい人もいるだろうし、こちらの質問など無視して暴走してしまう人もいるだろう。そういった人たちを差し引いていくと、残る理想的なインフォーマントは、結局、コリャーク語が流暢に話せるばかりでなく、これをある程度、客観的に眺める能力があり、なおかつ、こちらの質問にも体系的に答えられる人ということになる。そのような人は、往々にして寡黙なものだが、その人の発する数少ないことばは、無意味なおしゃべりに耽る人のことばの一〇倍もの重みがある。何気なく語ることばにはっとさせられ、そこから思いもかけない新しい発見の世界へと展開していくことがしばしばある。調査の中で、私の目が俄然輝いてくるのは、もちろん、このような瞬間である。

●珠玉のインフォーマント

イカヴァヴ・ヴィクトル・イカヴァヴォヴィッチさんは、私にとってまさにそのようなインフォーマントだった。ここ一〇数年の間に、トナカイ遊牧ブリガードが縮小・統合を繰り返したその状況がどうも飲み込めずにいた時、「詳しいことはイカヴァヴに聞くにかぎる」と言われて、当初、予定した順番ではまだまだ先だったその人を早速訪ねることにした。

イカヴァヴ・ヴィクトル・イカヴァヴォヴィッチさんは、一九五〇年生まれの五二歳。一九六六年からパレンスキー・ソフホーズの第三、第一〇、第六、第一ブリガードなどでトナカイ遊牧民として働き、八四年から九九年に年金生活に入るまでは、現在の第五ブリガードの前身、第六ブリガードのブリガード長を務めた。まさにツンドラでトナカイとともに生きてきた、ツンドラの生き証人である。

きゃしゃな体つきと細面の顔に濃いひげをたくわえた哲学者のような風貌に、私は初対面のとき、この人が本当にトナカイ遊牧民だったのだろうかと一瞬、目を疑った。そのうえ、今では年金生活を送っており、胃病を患っていて家にいることが多いので、かつてトナカイの群れとともにツンドラを移牧して歩いた姿がどうしても想像できないのだった。しかし、彼が正真正銘のツンドラの人であることは、その後、いろいろな場面で証明された。

ツンドラの生き証人、イカヴァヴさん

一一月四日に、イカヴァヴさんの奥さんカーチャさんの誕生日を祝って、イカヴァヴ家主催のトナカイ橇競走がおこなわれた。イカヴァヴ夫妻には、上は二五歳から下は二歳まで一二人の子どもがいて、こういうときの機動力、組織力は抜群なのだ。このトナカイ橇競走で、イカヴァヴさんは並みいる若者たちを遠く引き離してトップでゴールインした。普段、調査をしているときにも、痛むのだろう、胃のあたりを押さえている姿を何度も目にしていた私は、その見事な手綱さばきと力強い走りに息を飲んだ。

それから、すべての調査を終えて、トナカイ橇でクレスティキを後にしたときのことである。このときにはイカヴァヴさんもクバクまで同行した。白地にこげ茶の模様をあしらったジャモッチグプ（jamocɣəp）と呼ばれる二重の美しいトナカイ毛皮服に身を包んだ彼は、滑らかな走りで先頭を行き、いつも次の宿泊のための小屋をきれいに片付け、暖かい肉のスープを用意して待っていてくれた。そして、そこを発つときには必ず、若い者に次に泊まる人のために十分な焚き木を用意しておくように指図するのだった。

しかし、なににも増して私が目をみはったのは、彼のツンドラ生活に対する深い知識とコリャーク語の豊かさだった。彼が初対面のときに、第五ブリガードのかつての遊牧ルートについて整然と説明し始めたとき、私はすぐにクレスティキで調査をするのはこの人と直感し、しゃにむに調査の約束を取り付けた。こうして、イカヴァヴさんとの調査は、クレスティキにいる間はほぼ毎日続けられた。こうして得た資料は、トナカイ遊牧に始まり、フィッシング、狩り、植物採集へと多様な生業活動に及んでいた。その知識の豊富さに感嘆する私に、イカヴァヴさんはいつも「それが生活だから」と淡々と答え、私が驚くのがかえって不思議といった表情で静かに笑った。

言語そのものには優劣などないということは、少なくとも我々言語学者ならば改めて繰り返す必要もないことではある。しかし、一般にはまだまだ経済的、政治的優劣をこれとはなんの関係もない言語にまで敷衍《ふえん》しようとする傾向は根強い。「コリャーク語は貧しい言語だ、それが証拠にコリャーク語にはテレビだとかコンピュータだとかいった単語なんかないじゃないか」というようなことばを時に耳にするにつれ、私はイカヴァヴさんが私に伝えてくれたツンドラ世界をめぐる豊饒な語彙を思わずにはいられない。もしも仮に万が一、言語に優劣があるとしたなら、まずは当該民族が主体的にかかわって生きる環境の隅々にまで行き届いた充分な語彙があるかないかということを問題にすべきであることは言うまでもない。

◎クレスティキはみんな親戚

もちろん、私の調査に協力してくれたのはイカヴァヴさんだけではない。物知りのイカヴァヴさんといえども、得意分野とそうでない分野がある。たとえば、衣食住のうち衣食はもちろん女性の方が詳しい。そちらの方に話題が移っていくと、彼はいつも、窓際で家族一四人分のつくろいものに余念のない奥さんのカーチャさんに応援を頼むのだった。寡黙で口ごもって発音が不鮮明になることもあるイカヴァヴさんに対して、きびきびとしたカーチャさんの発音は明瞭で、時にイカヴァヴさんに送る援護射撃も的確だった。

ところで、カーチャさんは、実はコリャークではなくチュクチ族である。一九八〇年代から定住化が始まったクレスティキは、大きく、南に二〇〇キロあまり離れたヴェルフ・パレニ村から移牧してきたコリャークと、さらに遠方のカムチャツカから移牧してきたと言われるチュクチ族の家長とそのエヴェン族の妻を頭とする一族という二つのグループから形成されている。そのうち、イカヴァヴさんは前者の、カーチャさんは後者の流れを汲む。つまり、そのチュクチ族の家長というのがカーチャさんの父親なのである。その人、故ゲルゴリカヴァヴ氏は、富裕なトナカイ遊牧民として、また優れたブリガード長として名高かったという。

このようにチュクチ族の父とエヴェン族の母をもち、なおかつコリャークの中で育ったカーチャさんは、ロシア語、コリャーク語、チュクチ語、エヴェン語を解するちょっとしたポリグロットである。ただし、彼女によれば、なかでもコリャーク語がいちばん得意とのことだった。

一方、同じ家に生まれ同じ環境に育ちながら、カーチャさんの姉のターニャさんは、自分の母語はあくまでもチュクチ語であると考えている。そして、その母語で心ゆくまで話す相手が近くにいないことで、彼女は時に疎外感を感じている。とはいえ、彼女はコリャーク語だって完璧に駆使し、クレスティキ初等小学校ではコリャーク語を教えている。ロシア語だって流暢だし、エヴェン語も理解できる。それでも、それらは彼女にとっては母語ではない。カーチャさんにも劣らぬ裁縫の名手で、家にいるときには片時も針を離さない彼女には、トナカイ毛皮を材料とする衣類全般について、その皮なめしの方法に始まり、型の取り方、縫い方、そして、衣類の各部位の名称など詳しく教えていただいた。コリャークには死装束を生前に準備しておく習慣があるが、お姑さんが彼女のご主人と彼女のために縫っておいてくれたという死装束をじっくりと見せてくれたのも彼女である。

死装束を見せてくれるターニャさん

そのターニャさんのご主人、アヤトギーニン叔父さんも、私にとってなくてはならない人だった。いつも私のツンドラ行の道案内人を務めてくれたからだ。時には五日にもおよぶトナカイ橇での長い移動の間、叔父さんは私を自分の後ろにすわらせ、道中、野生動物の足跡の見分け方から、それぞれの遊牧地の地形や植生、かつてそこでどのように遊牧していたかなどを丁寧に話してくれた。エヴェンスクでチョチャ・イーラにつけてもらったコリャーク語の名前「ミチゲット」で私を呼んでくれるのも、叔父さんだけだった。「ミチゲット、足先が少しでもかじかんできたら、すぐに言うんだぞ。橇を降りて、しばらく歩いているうちに暖かくなるから」と、マイナス五〇度、六〇度にも下がるツンドラを橇で行くときの素朴な暖の取り方も教えてくれた。そして、なにより、「この冬はかれこれ千キロも走った」というトナカイの負担を軽くするために、橇を降りて引いて歩いたり、トナカイ苔のある場所を深い雪に足を取られながら探し出してトナカイに食べさせたり、そして時にはおしおきの激しい鞭を浴びせたりと、疲弊したトナカイを目的地までなんとか持ちこたえさせるためにどれだけの苦労がつきまとっているかを身をもって示してくれたのもこの人に他ならない。

アヤトギーニン叔父さんの橇に乗って出発

このアヤトギーニン叔父さんの義理の姉にあたるのが、ガーリャ叔母さんである。一〇月もだいぶ過ぎてから、ヴェルフ・パレニでの鮭釣りを終えて戻ってきた彼女とは、その穏やかな人柄ですぐに仲良しになった。魚釣りと罠猟が大好きで、暇さえあれば叔母さんは森に川にと出かけて行く。その魚釣りや罠猟の話、あるいは葬儀とか葬儀の際のトナカイ屠殺だとか、若い世代の人たちにはもはやわからない細かな風俗習慣についてはなんといっても彼女に聞くのがいちばんだった。

ところで、もうお気づきの方もあろうかと思うが、ここにあげた私のインフォーマントは、みんななんらかの親族関係でつながっている。そして、これは彼らにかぎったことではなく、クレスティキの住民の大半がお互いに親戚同士なのである。たとえば、無線を置いているターニャさんの家には新しいニュースを聞くために朝となく夕となく基地の人々が集まるが、彼らはみんな親戚同士だし、表で群れをなして遊んでいる子どもたちも親戚。ターニャさんの小学校でのコリャーク語の生徒は、みんな彼女の孫や甥っ子、姪っ子という具合である。

このような血の濃さは、もちろん、クレスティキ住民同士の親近感、気安さを促していることはいうまでもない。子どもたちはお腹がすけばどこの家でも遠慮なくご飯を食べることができるし、面倒も見てもらえる。深刻に産児制限する心配もないわけである。大人たちだっていつも気軽にあちこちの家を訪問し、やれ釣り糸だとかやれビーズだとかを気軽に貸し借りすることができる。

しかし、一方、地理的に孤立した小さなコミュニティが、濃い親族関係で成り立っているということは、そのコミュニティの先細りを暗示させるものであることもまた事実である。外に出て行くのも外から入ってくるのもむずかしいこのようなコミュニティでは、親族関係が薄められていく可能性はきわめて低い。そしてそのような親族関係における閉塞状況が、この地域のコリャークの生業、文化、言語などの閉塞状況とも呼応しているところに、事態の深刻さ、重大さはある。

〈3〉命名の伝統と変容

コリャーク語の名前で人になる

戸籍調査には、また別の収穫もあった。それは、コリャークの伝統的な名づけについて調べるきっかけを得たことだった。基地のコリャークの人々は、普段、お互い同士を「ターニャ」とか「ヴァロージャ」とかロシア語の名前で呼び合っている。しかし、これとは別に、あまり耳にすることはないけれど、老若男女を問わず全員がコリャーク語の名前を持っている。イカヴァヴさんの二〇〇一年七月に生まれたばかりの孫息子でさえ、「アイヴルウン ʕajvalʕan（暴走しないための止め具をつけたトナカイ）」という、なかなか先が思いやられる意味のコリャーク語の名前を授かっている。

ロシア語の名前は、コリャークにとっていわば「表向きの」名前である。彼らは現在、戸籍上、ロシア式の姓・名・父称を名乗っている。たとえば、男性ならばノタンカヴァヴ・セルゲイ・ニコラエヴィッチ、女性ならばアヤトギーニナ・スヴェトラーナ・ヴラディミロヴナという具合である。最初のノタンカヴァヴとアヤトギーニナは父親のコリャーク語名を姓にしたもの。セルゲイとスヴェトラーナはその人自身のロシア語名、そして、最後のニコラエヴィッチとヴラディミロヴナは今度はロシア語の父称である。つまり、この二人の父親は、それぞれニコライとヴラディミルというロシア語名を持っていることになる。言ってみれば、これが、いちばん今風の名づけ方である。ただし、このような命名方式では本人自身のコリャーク語名は表面化してこないことに注意されたい。

もっとも、先に紹介したアヤトギーニン叔父さん、ロシア語式に言えばアヤトギーニン・ヴラディミル・エティンコヴァヴォヴィッチ氏のように、自分のコリャーク語名を姓に、父親のコリャーク語名を父称にしている人もいる。ただし、これは父親にコリャーク語名しかなかった時代の少し旧式な名づけ方で、今は採用されていない。

さて、このロシア語式命名の名の部分、すなわちセルゲイとかスヴェトラーナとかを日常、彼らは呼称として使っている。ロシア語の場合、尊敬の念を表すのに、たとえば、セルゲイ・ニコラエヴィッチとかニコラエヴィッチのように、名＋父称あるいは父称を呼称にすることがある。しかし、前章でも書いたようにクレスティキは親族の集まりなので、そんなかしこまった呼び方はいらない。目上の人に対しても「ガーリャおばさん」とか「コーリャおじさん」で十分である。

とはいえ、日常、使い慣れているから、それが彼らにとっての「真の」名前だと考えるのは、少々早合点である。ロシア語の名前はコリャークの人々にとっては、いわば個別化の道具、ラベルのようなものである。ちなみに、五〇歳以上の年長者には、小学校に上がって先生に、「はい、今日からあなたはヴァロージャよ」と、強制的にロシア語に改名させられたという人も多い。このことは、当時、教室でコリャーク語を話すことを禁じられていた出来事とともに、彼らにはいまだに忘れることのできない苦い記憶として残っている。

これに対し、彼らが魂のこもった「真の」名前と考えるのは、あくまでも伝統的なコリャーク語の名前の方である。たとえ普段使わなくても、それは彼らにとっては自らのアイデンティティの証として欠かすことができない。そして、新生児は適切なコリャーク語の名前を授かって、初めて「人」になると考えられている。

◎再生観念と結びついた名づけ

コリャーク式の名づけは、先祖の魂が死後、新生児として再生するという伝統的観念にもとづいておこなわれる。アーニャペリ（an'apel'）と呼ばれる石で占いをして、新生児がどの先祖にあたるかを特定し、その先祖の名前をつけるのである。アーニャペリが、アーニャ（an'a）「おばあさん」に指小辞-ペリを付加して作られていることともなにか関係がありそうだが、私の調べたかぎりでは、この占いをするのはもっぱら年長の女性である。アーニャペリはまた、「蜘蛛」も意味する。ビーズを何本か垂らしたその占い石の形が、「蜘蛛」を連想させるからかと考えたりしてみるが、ことの真相は明らかではない。

占いの仕方は以下のとおりである。占いのできる年配の女性は命名の依頼を受けると好天の朝方を選んで、静かな室内でアーニャペリを三又の木に吊るし、それに向かってすでに故人となっている親族の名前を次々に呼びかけていく。もし、その名前が新生児として再生した先祖のそれと一致しない場合にはアーニャペリは揺れないが、一致した場合には大きく左右に揺れる。それにより、新生児の名前が特定される。特定された名前は、占いをおこな

アーニャペリ

った女性により新生児の耳元でささやかれる。新生児の性別にかかわりなく、男性名、女性名ともに呼びかけられるので、男の子に女性名が、女の子に男性名がつけられることも珍しくない。ただし、名前によっては対応する男性形、女性形に修正される場合もある。たとえば、ジェイテル（Jejtel）（男）—ジェイテルゲウト（Jejtelŋewət）（女）、ルクトゥレ（Lɑqtɑle）（男）—ルクトゥガウト（Lɑqtɑŋɑwət）（女）、エイジェ（ʕejje）（男）—エウゲ（ʕewŋe）（女）といった具合である。女性形の後ろに、-ゲウト／-ガウト～-ゲ（-ŋewət／-ŋɑwət～-ŋe）などの接尾辞がついているが、これは日本語の「～子」「～代」にあたるようなものだと考えればよい。

コリャークの中には、複数のコリャーク語名をもつ人もいる。これは、子どもに病気などの身体的異変が現れた場合、「名前が合っていないからだ」といって、名前が合うまで、つまり身体的異変が改善されるまでアーニャペリ占いによる名づけが繰り返されるためである。時には、身体的異変を先祖の誰かのそれと符合させて名づけをおこなうこともある。たとえば、首にできものができて治らない子どもを、先祖の中で首吊りして亡くなった人と同定して、その人の名前をつけるという具合である。通常、それが正しい名づけである場合には、身体的異変はただちに消失すると信じられている。

アヤトギーニン叔父さんの一九九九年に生まれた孫息子には、これまで五つの名前がつけられた。まず、母方の祖母のいとこにちなんだレリュルウン（Lel'ulʕan）という名前がつけられたが、常に火傷をしたり犬に嚙まれて大怪我をしたりした。そこでさらにトゥガントンヴァウ（Tәgantoŋvaw）、母方の曾祖母にちなんだジェイテル（Jejtel）、母方の祖母の兄にちなんだチャイヴルグン（Cajvurγәn）と次々に名前を換えていったが、それでもなかなか改善されなかった。最後に母方の祖母が、自分の姉がかつて大火傷をしたがほとんど傷が残らずに治ったことを思い出し、その再来ではないかと考えて、彼女の名前にちなんだケウェウゲウト（Kewewŋewәt）という名前をつけた。すると、ようやく火傷や怪我をしなくなったという。わずか二年の間に五回も名前を変えるとは。時にコリャークにとって「真の」名前を授かり「人」になることがどれほど大変なことかを示す一例である。

名前の語源的由来は、必ずしもそのすべてが明らかなわけではない。ただし語源が特定できる名前を見てみると、その意味は多様である。たとえば、私のインフォーマント、イカヴァヴさんのコリャーク語名エウカヴァアウ（ʕewkavaw）は「粘り強い男」、ノタンカヴァヴ（Notankavaw）は「ツンドラの男」、アヤトギーニン叔父さんのコリャーク語名アヤトギーグン（Ajatɣijən）は「倒れること」の意味。また、「小さい」を意味するウップリュ（əppl'u）、反対にオムジュガ（ʕomjəga）「大女」、オムジャヴィグン（ʕomjaviɣən）「大男」などという名前もある。

「汚い」が語源のリュクヴェ（L'əqve）、「曲がった」に由来するジョトゥギーグン（Jotəɣijən）、カラ（kala）「悪魔」に由来するカリウン（Kal'ʕən）、「悪い」を意味するアトケン〜エトキン（ʕatken〜ʕetkin）などいわばマイナス評価の名前は、モンゴルで、難産などの変わった生まれ方をした幼児に、災難を避けるためにつけるやはりマイナス評価の名前（例えばフンビシ（Xünbiš）「人でなし」、モーノホイ（Muunoxoi）「悪い犬」、ネルグイ（Nergüi）「名なし」など）を想起させ興味深い。

この地域のコリャークにはチュクチ族との混血も多く、そのためにコリャーク語の名前に混じってチュクチ語の命名がおこなわれることもある。一方、エヴェン族との混血もいるが、エヴェン語による名づけがなされた例を私は知らない。これは、あるいは、エヴェン族が周辺の少数民族の中でもいち早くロシア式の命名を採用し、エヴェン語による命名がされなくなって久しいこととなんらかの関係があるかもしれない。

◎失われゆく「コリャーク魂」

それにしても、先祖のそのまた先祖の、そのまたまた先祖がどこまでたどれるのかはわからないが、自分の家系図を覚えておくだけでも、容易なことではあるまい。誰でもアーニャペリ占いができるというわけではなく、また誰にでもその技術が伝授されるわけでもないことが想像される。

ちなみに、クレスティキにはアーニャペリ占いができる女性はもはや一人もいない。基地の人々が最も占いに長けていた女性として太鼓判を押すアヤトギーニン叔父さんのお母さん、エティンコヴァヴ＝エイテルネウト・マリヤ・ケッケトヴナさんは、一九九八年に八四歳で亡くなった。基地の住民の名前について調べているうちに、彼女がクレスティキや周辺ブリガードの実に多くの新生児の名づけをおこなったことがわかってきた。
彼女は、縫い物、皮なめし、料理などの日常の家事に関する技術にも優れており、それらの技術は自分の家族の女性だけではなく、近隣の若い女性にも惜しみなく伝授した。しかし、アーニャペリ占いや病気治療などのようないわば非日常的な技術については、一種の秘儀として特定の人間だけにしか伝授したがらなかったという。その「特定の人間」とは、彼女の場合、末の孫娘だったらしい。彼女は亡くなるとき浮腫に苦しんだそうだが、それはその子に占いや病気治療の技術を伝えることができなかったためだと説明されている。

アーニャペリ占いのできる女性はいなくなってしまったが、クレスティキではそれでもまだコリャーク語の名前をつける習慣は失われていない。二〇代の若者たちに、「もし自分の子どもが生まれたら、コリャーク語の名前をつけるつもり？」と尋ねると、例外なく、「もちろん！」という答えが返ってくる。「ここには占いのできる人はもういないけど、どうするの？」とさらに問いつめても、彼らは「それでもなんとかしてつける。そうでなければ、人になれないもの」とゆずらない。

実際、クレスティキでは無線で二〇〇キロ離れたヴェルフ・パレニ村の占いのできる女性に名づけを依頼したり、夢見を手がかりにしたりと、いろいろな方法でなんとかコリャーク式の名づけを残そうと必死である。

名づけは、通常、言語の直接機能的側面と結びついている。言い換えれば、ことばが現実に直接作用するという「言霊《ことだま》」の観念がそこにはある。それゆえに、親たちは子どもが生まれると、名前どおりの子どもに育つようにと知恵をしぼる。先にあげたマイナス評価の名前ですら、子どもが災難を避けるためにつけられるという意味では、やはり「言霊」の思想にもとづいている。

コリャークの場合には、範疇化とか伝達とかいった言語の基本的な機能はすでに失われてしまっている若い世代でも、民族的アイデンティティの証として、コリャーク語の名前には依然、執拗にこだわっているのだと言える。しかし、それはすでに戸籍上、公にすることのできない秘め事、いわば胸もとに常に隠しもっているお守り袋のようなものとしてしか残りえなくなっていることもまた事実である。アーニャペリ占いが途絶えかけていくなか、この先、コリャーク語の名づけがどのような形でいつまで残されていくのか、私には大いに関心のあるところだった。

ところが、クレスティキでの調査を終えエヴェンスクに立ち寄ってみると、すでにそこではコリャーク語による名づけそのものが消失しかかっていることを知らされた。寄宿学校のコリャーク語の教師、タチアーナ・ユーリエヴナさんの話では、低学年の子どもたちの多くはすでに自分のコリャーク語名を知らず、ロシア語の名前だけが自分の「真の」名前だと信じている。タチアーナさんはそういう子どもたちにコリャーク語の名前を考えてやるのだという。アヤトギーニン叔父さんたちが小学校に上がった今から五〇年前とちょうど逆のことが今、起こっているのだ。とはいえ、タチアーナさんがコリャーク語の名前を子どもたちにつけるのは強制改名でもなんでもなく、子どもたちがせめてコリャークであることを忘れないようにとの、失われていくものに対する深い愛惜の念、人間的配慮から発していることは言うまでもない。

〈4〉ことばに映し出されるツンドラの時空

時間表現から始まった調査

戸籍調査をひととおり終えると、いよいよイカヴァヴさんとの調査が始まった。九月も半ばをすぎ、クレスティキのいちばんはずれにある彼の家に通うようになる頃には、雪が地面をおおい始め、薪採りに出かけるための橇用のトナカイが、ブリガードの放牧地から三々五々集まってきていた。そのうち摘みに行けばいいやと呑気にほったらかしにしていたツンドラ一面のベリーは、貪り食べる間もなく雪の下に埋もれてしまった。ツンドラの冬はまたたく間にやってくる。

ある民族を取り巻く環境は、自然環境、社会環境、超自然環境など多様である。しかし、たかだか半年の調査ですべての環境にわたって、コリャークがこれをどのように認識し、言語的に範疇化しているかを調べることは不可能である。私はあらかじめ、今回の調査では自然環境の範疇化に焦点を絞ることに決めていた。イカヴァヴさんには、トナカイ牧畜をはじめとして、フィッシング、狩猟、植物採集などの生業について詳しく聞き、その全体像をつかむとともに、できるだけ多くの民俗語彙を集め、その根底にある自然認識のありように多少なりとも探りを入れたいと思っていた。それまで、トナカイ橇が二頭立てで走ることすら知らなかった私にとって、これはコリャーク語への新しいアプローチの始まりだった。文法の深い深い森にも劣らない、鬱蒼として果てしない民俗語彙の森が私の行く手に横たわっていた。

ところで、ひとことで自然環境と言っても、その中身は多様である。動物とか植物とか、あるいは地形とか天空とか、有機的にせよ無機的にせよ物理的・空間的に存在する事物以外にも、これらの事物を過去から未来へと内包する時間的な環境も、やはり、ひとつの自然環境と捉えることもできる。まずは、このような時間をめぐる語彙の聞き取りから調査は始まった。時間表現のような基本的な語彙は、村での調査でも調べはついていた。とはいえ、言語の骨組みを知るための文法的な問題に余計にとらわれていると、案外、ひととおり書き取るだけのそっけない記述で終わってしまっているものである。ツンドラという、今まさに私を取り巻いているコリャークにとって本物の自然環境の中で、彼らが時間というものをどのように捉えているかをじっくり考えてみることは無駄ではないはずである。

◎数えられる時と数えられない時

ツンドラの冬は日の出が遅く、日没が早い。朝は九時すぎてようやく明るくなったかと思うと、午後は三時過ぎるともう日がかげってくる。ところが、満月の夜中、用足しに表に出ると、まるで曇った日の昼間くらい明るいのに驚かされることがある。クレスティキでは、ゾーヤさんのログハウスに居候させてもらっていたが、ここにはトイレがない。そこで、マイナス五〇度でも六〇度でも表に出て行くことになる。

気をつけなければならないのは、明るい満月の晩である。いつものように、家の脇に設置した小さなゴミ捨て場のドラム缶の横に、不用意に眠気まなこで腰を下ろしていると、突然、すぐ近くを誰かが私に一瞥を向けながら通り過ぎていく姿が浮かび上がったりする。眠気も吹き飛び、そうだ、今夜は満月だったと気がつくときには、時すでに遅しである。

そんな明るい満月の夜を利用して、コリャークたちはトナカイ橇を駆って旅に出る。よく村の調査でも、「彼は夜中に隣の宿営地からトナカイ橇でやってきた」などという例文が出てきて、「なんで夜中なんだろう」と不思議に思ったりもしたが、実はそれも彼らの生活に即した自然な表現だったので

第5ブリガードからやって来た橇用のトナカイたち

ある。

その「夜中」は、コリャーク語ではヌキーヌク(nəkinək)と言う。語幹ヌキ(nəki)の後に最初のヌク(nək)の部分が重複された名詞の絶対格単数形である。語幹重複と言うと、日本語の「人々」「家々」のように、複数形を作る手段として用いられるものが一般的である。ところが珍しいことに、コリャーク語では反対にこのように単数形を作る手段として用いられている。言語により語を形成する手法がいかに多彩であるかを示す一例である。

ところで、コリャーク語で名詞と言えば、数や格によって語形変化する。したがって、語幹ヌキからはヌキト(nəki-t)「二つの夜中」、ヌキウ(nəki-w)「三つ以上の夜中」のように双数形や複数形を作ることができる。また、道具格の-タ(-ta)を付加してヌキータ(nəki-ta)「夜中に」と副詞的な表現に仕立て直すこともできるのである。

とはいえ、一日の時間帯で同じく名詞で表されるのは、この他、「晩」を意味するアイグヴェニグン (ajɣəvenʼŋən) だけである。それ以外は、ミウィッチュウク (miwiccuʃək)「たそがれ時に」、イルゲトゥク (ilɣetək)「夜が白む時に」、エチガトゥク (ecɣatək)「夜が明ける時に」のように、「たそがれる」「夜が白む」「夜が明ける」という動詞語幹に副動詞を作る接尾辞-ク (-k) をつけて表したり、ジュクミティウ (jəqmitiw)「朝に」のようなもともと副詞的な不変化詞によって表したりと一様ではない。朝昼晩と一見、均等に区切られているかのような時間が、実はコリャーク語では異なる視点から捉えられていることがうかがわれる。一日は二四時間に、二四時間はさらに一時間に、一時間はさらに一分にと分割され、時間を均一な流れとして機械的に捉える捉え方とはひと味違う認識のありよう、すなわち、人間の側からの積極的な読み取りが刻み込まれたイーミックな時間の範疇化のありようが、そこには色濃く反映されていると言える。

それにしても、なぜ「晩」と「夜中」だけが一日の時間表現の中で数えることのできる名詞なのだろうか。これは彼らの時間認識のありようと密接にかかわっているにちがいない。言い換えれば、彼らが一日の区切りをどこにあると捉えているのかということと深くかかわっているにちがいない。

どうやら、コリャーク語では、暗くなって明るくなるまでの時間帯を一日の区切りと捉えていると考えられそうだ。そこで一日が終了したと考えることにより、一日がひとつのまとまり、すなわち数えられるものとして認識されるのではないだろうか。これに対して、いったん日が昇ってしまえば、時間の区切りはあいまいになる。まとまりのある数えられるものとして捉えにくくなるのは、自然なことである。

相対化される時

それが証拠に、コリャーク語では「昨日」はアイグヴェニグン「晩」と同じ語幹から派生したアイグヴェ（ajɣəve）、「明日」はジュクミティウ「朝」とやはり派生関係にあるミティウ（mitiw）で表される。一日の区切りを夜と朝の間と捉えているからこその表現であろう。ちなみに、昨日と明日の間の「今日」は、「今」と同じエチギ（ecɣi）で表される。

さらにコリャーク語では、「おととい」と「あさって」という、これらの表現をはさんで時間的に等間隔にある過去と未来の日が、同じ語コレウロ(qoleʕalo)で表されることも興味深い。コレウロは、コレ(qole)「別の」とウロ(ʕalo)「日に」が合成された形である。さらに、「さきおととい」と「しあさって」もまた、「遠ざかる」を意味する動詞語幹ジュマイト(jəma-jit)がコレウロと合成したジュマイトゥコレウロ(jəmajtəqoleʕalo)によって表される。時間を過去から現在、現在から未来へと続く線状的な流れとして捉えるのではなく、現在を基準として相対化する視点がここには反映されていると言える。

もっとも、このような視点は必ずしもコリャーク語に固有というわけでも、純然たる時間表現にのみ特化されているというわけでもない。たとえば、ベネズエラ南部からブラジル北部にかけて分布するヤノマム語族の言語では、「昨日／今日」「数日前／数日後」「ずっと以前／ずっと将来」がそれぞれ同じ時制形式で表される(細川 一九九二：五六五)。インドネシアのクェステン語では、動詞の過去時制と未来時制が遠近により細かく分類されているが、ここでもまた現在時を中心として過去と未来が同じ時制形式を取る(崎山 一九八八：一四三八)。また、アメリカ・インディアンのネズパース語

表１ 直系の親族名称・親族呼称の対応表

親族名称		親族呼称	
	apappo		「祖父」
	an'a、vava		「祖母」
en'pic		appa	「父」
əlla		əmma	「母」
qajtakəlŋən		qattak	「(男にとっての) 兄弟」
jicʕamjitumɣən		jicʕom	「(女にとっての) 兄弟」
cakəɣet		cakke	「(男にとっての) 姉妹」
cakettomɣən		cakok	「(女にとっての) 姉妹」
	akək		「息子」
	ŋavakək		「娘」
	jəlŋəkmiŋən		「孫息子」
	jəlŋəŋavakək		「孫娘」

では、孫が祖父母を呼ぶ親族呼称は祖父母が孫を呼ぶ呼称から派生したものであるという（青木 一九九八：二一七‐二一八）。どうやら時間の流れが含意される語彙には、このような相対的な視点が及ぶようである。

一方、コリャーク語では親族名称にまで敷衍された時間の相対化は見られない。ただし、興味深いのは、直系の親族のうち、「父母」「兄弟」「姉妹」には、親族名称と親族呼称のどちらもあるのに対し（たとえば、エニピチ（en'pic）「父」：アッパ（appa）「お父さん」など）、それ以外の親族は目上であれ目下であれ単一の形式しかなく、それが親族名称としても呼称としても用いられることである（たとえば、アパッポ（appapo）「祖父、おじいさん」など）。広い意味では、やはりこれらが同一の範疇としてひとまとめに捉えられているのだと考えることができるであろう（表1）。

なお、コリャーク語では親族のこのような範疇化のしかたは文法事象とも深くかかわっているのだが、ここでは詳しい説明は省くことにする。

◎生業と自然の営みが絡み合う季節表現

時間をめぐる民俗語彙は、このように狭義にも広義にも当該言語に固有な範疇化のありようを映し出す。このことは季節表現についても例外ではない。

ロシア語との二言語併用者が大部分を占めるコリャークの人々にコリャーク語の季節や月の名称を尋ねると、たいていロシア語の「春夏秋冬」に合わせて四つの季節名をひねり出してくれたり、一二か月の月名に対応するようにコリャーク語の名称を言ってくれようとしたりする。しかし、実際には季節名は必ずしも四つではないし、月名も一二個だけというわけではない。そもそも、コリャーク語では季節名と月名の区別があいまいで、通常、季節名と考えられている名称の後ろにも、「月」を意味するジュイルグン(jəʕilɣən)が自由に合成されたりする。季節表現の分節には、どうやらなにか別の原理が働いていると考えた方がよさそうである。

以下は、季節名の一覧である。語源が不明で、おそらく他からの派生語ではない固有の季節名と、説明的で語源の明らかな派生語のいずれもがあることに注目されたい。

ルクレン~ルクレンジュイルグン（一二月~一月）
ジュミウジュイルグン（ジェミウ「地吹雪」）（二月）
ニウレウ~ニウレウジュイルグン（ニウレウ「長くなる」）（三月~四月）
エヴクトゥン~エヴクトゥジュイルグン（エヴ「硬い」、クトゥ「強い」）（五月）
イムリュジュイルグン（イムリュ「水」）（五月末~六月中旬）
アノーアン~アノージュイルグン（六月中旬~七月）
アラーアル~アラージュイルグン（七月）
ゲイゲイ~ゲイゲイジュイルグン（八月~九月）
チェイプジュイルグン（チェイプ「（木々が）赤く色づく」）（九月）
マイグチェイプジュイルグン（マイグ「大きい」）（一〇月）

グトガ～グトガジュイルグン（一〇月～一一月）
ウェルクテプジュイルグン（ウェル「醗酵した」、クテプ「野生羊」）（一一月）

ところで、この地域のコリャークは、ツンドラでトナカイとともに季節的な移動を繰り返しながら暮らしている。彼らが移動する遊牧ルートは、主に次の六つである。

リュクリエグチウン「冬の遊牧地」
ネウリャヴチウン「春の遊牧地」
アニョチウン「初夏の遊牧地」
アリャチウン「夏の遊牧地」
ガイガイチウン「秋の遊牧地」
グトガチアトゥン「初雪の頃の遊牧地」

これらは、さきにあげた一二の季節名のうち、六つの語幹に、分詞を作る

-チウ（-cʃ）、名詞絶対格単数形を作る-ン（-n）が付加されて派生した語である（ただし、最後のグトガチアトゥン「初雪の頃の遊牧地」だけはチウの後に動詞化する-アト（-at）が付加されている）。さらに、これらのうち、ネウリャヴ「日が長くなる」から作られたネウリャヴチウン「春の遊牧地」以外には、どの語幹も純粋に季節を表す以外の意味は認められない。

このように、季節名以外の語とはなんの派生も認められない、いわば一次語が、遊牧ルートの名称に語幹として用いられているということは、これらの季節名が古い時期から、トナカイ遊牧カレンダーと密接に結びついたものであったことをうかがわせるものと言えるかもしれない。

これに対し、それ以外の季節名はほとんどが、説明的で語源の明らかな派生語である。「地吹雪の月」や「木々が色づく月」のように純粋な自然観察にもとづいた語もあれば、「水の月」のようにフィッシングを想起させる語や、「醱酵した野生羊の月」、つまり、「野生羊が発情して悪臭を発する月」のように狩猟を想起させる語もある。

トナカイ遊牧を基調としながらも、多様な生業を組み合わせて生きるコリャークならではの季節表現と言えるであろう。

◎地理的空間を区切る二つの視点

この地域のコリャークを取り巻く地理的空間であるツンドラは、コリャーク語でヌテーヌト（nutenut）と呼ばれる。ツンドラと言うと、苔と草木と湿地におおわれた単調な原野をイメージしてしまうが、実際のヌテーヌトは、そうではない。なだらかに広がる平地、丘陵・山岳地帯、森林、そしてそれらの間を複雑に蛇行する大小さまざまの川などが織りなす起伏に富んだ地形すべてをヌテーヌトは包み込んでいる。

前述のとおり、コリャークの主たる居住地はカムチャツカ半島のコリャーク自治管区である。現在、クレスティキに住む中年以上のコリャークの多くは、一九五〇年頃から東南のヴェルフ・ペレニ村、さらにはその東のカムチャツカから移住してきた。そのためか、この地域の地名は、それ以前からの居住者であるユカギールやツングース系エヴェンのつけたユカギール語やエヴェン語の古いものと、一九〇〇年代になってから地質調査に来たロシア人によるロシア語の新しいものがほとんどである。

地名は川名と同じことが多い。これはトナカイの群れを川の流れに沿って移動させていく遊牧においても、フィッシングにおいても、この地域では川がとりわけ重要な意味をもっていることを投影している。

ちなみに、この地域の川という川をすべて飲み込んで北のコリマ河に流れ込む大河川およびその周辺地域を表すオモロンは、ユカギール語で「よい川」の意味であるという。一方、そこに注ぎ込む支流とその周辺の名前には、エヴェン語のものが多い。イルビチャン「雪の少ない小さな場所」、ネクチャン「小さな倉庫」、バベカン「小さなゆりかご」など、小さな支流であることを反映して、-チャン～-カンという指小辞が接尾されているのが特徴的である。これにときどき「ザハレンコ」など、この地に地質調査に訪れたロシア人の名前にちなんだと思われるものが混じっている。

ところで、山とか丘陵とか川とかいった名称は、地形を断面的に見るといわば縦割りに分節したものであり、コリャーク語にもそれらを表す固有な語はもちろん備わっている。しかし、このような地形の縦割り的な分節とは別に、コリャーク語には横割り的に地理的空間を分節する語がある。すなわち、地理的空間の地表部分に着目するか地上部分に着目するかによって、大きく二種類の地理的名称に分かれるのだ。前者は名詞あるいは形容詞語幹に「～の表面」を意味する接尾辞-リクン／-ルクン／-リュクン（-l'qen／-lqen

/-l'eben）が付加される。一方、後者には「〜の密集した所」を意味する接尾辞-ルウン（-lwen）が付加される。通常、前者は地表の状態を表す形容詞語幹や、土壌あるいは地面低く生育する植物を表す名詞語幹に接続され、後者は樹木などの地面から高く生育する植物を表す名詞語幹に接続されることが多い。

たとえば、-リクン／-ルクン／-リュクンが接尾する地形の名称には、イリグリクン「開けた土地」（イリグ「白い」）、クチグリクン「乾いた土地」（クチグ「乾いた」）、トゥジャイプルクン「沼地」（トゥジャイプ「沼」）、ジュチグルクン「地盤の硬い土地」（ジュチグ「硬い地面」）、トゥルウルクン「砂地」（トゥルウ「砂」）、ウッウルクン「石の多い土地」（ウッウ「石」）、ヴィトウリクン「苔の生えた土地」（ヴィトウ「苔」）、ジャグリクン「トナカイ苔の生えた土地」（ジャグ「トナカイ苔」）、ウヴンウリクン「ベリーの生えた土地」（ウヴンウ「ベリー」）、ヴアイリュクン「草の多い土地」（ヴアイ「草」）などがある。いずれも語幹は、地表の状態あるいは地表近くに生育する植物を表すものであることに注目されたい。

一方、-ルウンが接尾する地形の名称には、ウムクルウン「林が密生する場所」（ウムク「林」）、クチヴォルウン「ハイ松が密生する場所」（クチヴォ「ハイ松」）、ジュウィルウン「藪の密生する場所」（ジェウィ「藪」）、マジョルグルウン「丘陵の多い場所」（マジョルグ「丘陵」）、ゲグヴルウン「唐松の密生する場所」（ゲグヴ「唐松」）、ギレグルウン「ハンノキの密生する場所」（ギレグ「ハンノキ」）、トゥクレルウン「ポプラの密生する場所」（トゥクレ「ポプラ」）などがある。これらは地面から少なくとも一メートル以上は高く生育する植物や地形を表す語幹からなっている。

このように地理的空間を横割り的に上下に切り取る二種類の語群の存在は、トナカイ遊牧民コリャークの空間との独特なかかわり方と大いに関係がありそうである。まず、地面にはトナカイの食べる様々な植物が生えている。冬にアヤトギーニン叔父さんの御するトナカイ橇で何日も旅をして知ったことだが、コリャークはどこにトナカイの食べる植物が生えているかを熟知している。そして、ここだと当たりをつけると、彼らは早速、橇を降り、深い雪を足で掘り起こしてみる。すると、たいてい、まちがいなくそこにはトナカイ苔が隠れている。どうして雪の上からそんなことがわかるのだろうかと思うのだが、これはおそらく、彼らが自分たちの遊牧ルートの地形に通暁し、また、そのどこら辺にどんな植物があるのかを知り尽しているからである。もちろん、人間が食料にするベリーや球根類などもこの地面近くに成育する植物である。

さらに、地面が彼らにとって重要なのは、そこに野生動物の足跡があるからである。彼らは、雪の上を縦横に交差する大小さまざまな足跡がどの野生動物のものかを容易に見分けるだけではない。それが何匹あるいは何頭で、どのような経路でいつ頃そこを通っていったのかも見分けてしまう。いっしょに罠猟に出かけると、彼らはしばしば立ち止まっては、地面に身をかがめてその足跡を注意深く観察し、時には指で触ってみたりもする。それによって、罠をしかける場所を決めるのだ。

一方、地面からさらに上へと転じていく視点は、彼らが利用する樹木とかかわっている。地上高くそびえる唐松は燃料、住居の材料として広く利用される。大人の背丈ほどに伸びるハンノキの樹皮はトナカイ毛皮の染料として欠かせない。橇の材料となる白樺や食用として採集される松の実も大人の目の高さに生えている。同時に、そこには彼らが食用に捕る雷鳥やヨーロッパ雷鳥などが飛来する。雪の上につけられた足跡でもこれらの鳥類は見分けが

ムースの足跡を観察する
（写真上）
ウサギの罠をしかける
（写真下）

つくものの、それでも彼らは地上を飛ぶこれらの鳥の観察も常に怠らない。地理的空間を上から下へと捉える視点が映し出されたこのような表現は、コリャークが自然資源を満遍なく利用しているその生業のありようとも無関係ではないだろう。

〈5〉多様な自然資源をあまねく利用する

◎生業活動を映す「語彙的接辞」

前章では、時間や空間を表す語彙をざっと眺めわたしたが、それだけでも、この地域のコリャークの自然環境との固有なかかわり方が多少なりとも浮かび上がってきたのではないだろうか。遊牧を基調としながらも、フィッシング、狩猟採集などをこれに組み合わせた複合的な生業こそが、チャヴチュヴァン「トナカイ遊牧コリャーク」と呼ばれるこの地域の人々の自然資源への適応対処のありようである。このことが多様な自然資源を満遍なく表す豊富な語彙からも伺えることは、すでにII部2章で触れたとおりであるが、ここでは、コリャークのこのような生業のあり方が反映されていると考えられる別の言語形式について見ておきたい。

それは、コリャーク語に独特ないわゆる「語彙的接辞（lexical affix）」と呼ばれる一群の接辞である。（ここからはやや言語学的説明になるので、興味のない方は細かい事例はとばして読んでいただきたい。）普通、語幹は語の実質的・語彙的な意味を表し、接辞は語の文法的・機能的な意味を表すものというのが言語学の常識である（たとえば、英語の look-ed は語幹の

lookが「見る」という語彙的意味を表し、接尾辞の-edは過去時制という文法範疇を表すなど)。ところが、コリャーク語には、接辞でありながら、具体的な動詞的意味を表すものがあり、これを「語彙的接辞」と呼んでいるのである。語彙的接辞は名詞語幹に付加され出名動詞（名詞語幹から派生される動詞）を形成するが、これまでの調査で認められたものには、次のようなものがある。

まず、他動詞の目的語を名詞語幹として持つ語彙的接辞には、-ンタ（-ŋta）「取りに行く」「(主に植物資源について）採りに行く」、-ウ（-u）「食べる、飲む、(野生動物や魚を）殺す」」、-グイト（-ŋəjt）「刈る」「狩る」、-ギイケ（-ɣijke）「(トナカイを橇用に）捕まえる」、-ギリ（-ɣili）「探す」、-トゥヴェ（-tve）「脱ぐ」「外す」「剝がす」、テ-・・-ン（te-...-ŋ）「作る」などがある。

自動詞主語を名詞語幹として持つ語彙的接辞には、-ンテト（-ntet）「外れる」「脱げる」、-トゥジェ（-tuje）「ほぐれる」「ほどける」、-ジュウ（-juʃ）「(自然現象について）始まる」、-エト（-et）「(自然現象について）起こっている」などがある。

さらには、手段を表す名詞を語幹に持つ-ルエット（-lʕet）「…で行く」、-トゥク（-tku）「…で作業する」、方向を表す名詞を語幹に持つ-イト（-jt）「…に行く」などがある。

一例をあげてみよう。たとえば、「私はベニテング茸を探した」は、語彙的接尾辞-ギリを用いて次のように表される。

トゥワーパクゲレク（t-ə-wapaq-ɣele-k-ø）（t-‥-k 一単主、-ə- 挿入、wapaq「ベニテング茸」、-ɣele「探す」、-ø 過去）

一見すると、あたかも「探す」という意味の自立動詞が他動詞目的語に合成されたかのように思えるが、そうではない。-ギリは自立的には意味をなしえない、まぎれもない接尾辞である。同義の自立動詞エナージェイ（ena-jej）とも、その音形からして同源であるとはおおよそ言いがたく、-ギリを自立動詞が接尾辞化したものだと考えることもできない。

自立動詞との同源が認められないのは、その他の語彙的接辞についても同様である。-ンタ／エト（et）「取りに行く」、テ-・・-ン／テイク（tejk）「作る」、-トゥヴェ／プジェ（pje）「脱ぐ」など、どれを見ても相互に同源をたどれそうなものは見当たらない。

ところで、これらの語彙的接辞を見ていくと、生業活動に結びついた意味を表すものがいくつかあるのに気づく。たとえば、植物採集にかかわる-ゲル「(主に植物資源を）採りに行く」、狩猟やフィッシングにかかわる-ウ「食べる」「飲む」「(野生動物や魚を）殺す」、-グイト「刈る」「狩る」、さらにはトナカイ遊牧にかかわる-ギイケ「(トナカイを橇用に）捕まえる」などである。

語幹に拠らなければその意味や機能を表しえない接辞は、おそらく自立語に比べると他の言語から借用されにくいにちがいない。言い換えれば、それだけに古くからその言語固有の形態素として使われていたと推測することができる。コリャーク語でそのような固有な形態素の一つである語彙的接辞によって、多様な生業活動が表されているということは、そのような生業活動のありようそれ自体の古さを反映しているとも考えることができるかもしれない。

さらに、自立動詞による分析的な文が動作の一回性、特殊性を表すのに対し、語彙的接辞は動作の習慣性、一般性を表すと思われるふるまいが観察されることにも注目したい。名詞語幹を動詞語幹に合成させる「名詞抱合」が習慣的・一般的行為を表すことはすでにIII部1章で見たとおりだが、自立動詞に意味的に対応する語彙的接尾辞がある場合には、この名詞抱合は許容されない。したがって、たとえば先の「私はベニテング茸を探した」を表すのに、自立動詞語幹エナージェイを用いた次の名詞抱合形は非文となる。

*トゥワーパケナージェジュク（t-ə-wapaq-enajej-ə-k）（t-…-k 一単主、-ə- 挿入、wapaq「ベニテング茸」、enajej「探す」、-ə- 挿入、-ø 過去）

これは、語彙的接辞による出名動詞と自立動詞による名詞抱合が、結合する名詞の種類、形態統語的ふるまい、語用論的機能のいずれにおいても細部にわたる類似性をもっており、両者が相補分布をなしているからである。語彙的接辞が、動作の習慣性、一般性を表す名詞抱合と相補分布をなすということは、裏返せば、語彙的接辞そのものが、習慣的、一般的な行為を表しているということに他ならない。さらに言うならば、その語彙的接辞によって表される狩猟採集、トナカイ遊牧、フィッシングといったこの地域のコリャークにとってのすべての生業活動が、古くから習慣的なものであったことをも暗示する。

ちなみに、同様の語彙的接辞は、系統は違うが地理的に隣接したエスキモー語などにも見られるが、その意味範疇がやはり基本的な生業活動に結びついたものが多いことは興味深い。

●トナカイ遊牧の起源をことばから考える

ところで、これらの語彙的接辞の中でも、気になるのは、「(トナカイを橇用に)捕まえる」を意味する-ギイケである。コリャークにおけるトナカイ遊牧の起源については、これまでさまざまな推測がなされてきた。もともとトナカイ遊牧民であったツングース系の民族から比較的新しい時期に導入されたとするシュレンクの説、コリャークの居住領域にいた野生トナカイを家畜化することによって遊牧が始まったとするボゴラスの説などがある。このうち、ボゴラスはその根拠として、コリャークのトナカイがツングース系の民族が飼養するトナカイとは大きく異なること、コリャークはツングース系の民族のようにトナカイに騎乗せず、橇につけて利用する点をあげている。

コリャークは、トナカイを橇につけて利用する（写真上）
エヴェンはトナカイに騎乗する（写真下：マクーハ氏撮影）

シュレンクの説のようにトナカイ飼養を新しい時期にトナカイに騎乗するツングース系の民族から受け入れたとすると、この古くからあったであろう語彙的接辞-ギイケの説明がうまくつかない。むしろコリャークは古くから独自にトナカイ遊牧を営んできたと考える方が、-ギイケから見れば自然である。言語学的には、トナカイをめぐる語彙の圧倒的な分節の細かさ、深さとあわせて、トナカイ遊牧の起源の古さを想像させずにはいられない。

ところで、コリャーク語で「野生トナカイ」はウルウェウル（əlweʔəl）と呼ばれる。「家畜トナカイ」を意味するコジャーガ（qojaŋa）とは語源を異にすることはその音形から明らかである。日本語では両者はトナカイという「同じもの」の二つの下位分類ととらえられているが、コリャーク語では異なる語が用いられていることから見て、おそらく両者は「別物」としてとらえられているにちがいない。

ちなみに、野生トナカイの中には、発情期に家畜トナカイの群れにやってきて交尾していくものがいると言う。これは群れの中の弱いものが、発情期に群れからはじき出され家畜の群れに迷い込んだものと考えられている。こうして出産した半野生トナカイ（ウリワカジュージュ əl'waqajuju）（əl'wa

「野生トナカイ」、qajuju「〇歳トナカイ」）はそのまま家畜の群れに残って家畜化するものもいれば、野生に戻るものもいる。とはいえ、半野生の仔トナカイは家畜の群れで出産してもすぐに死んでしまうか、せいぜい夏までしかもたないものがほとんどで、無事、家畜化するものは少ないとも言われている。

◎「名無し」の魚

チャヴチュヴァンたちの、多様な生業の中でも、一年を通じておこなわれるトナカイ遊牧のかたわら、比較的安定して食糧を得ることのできる副業として重要視されてきたのはフィッシングである。とりわけ、トナカイ頭数の激減にともない、ここ数年、フィッシングはますます重要な生業となっている。

内陸深いこの地域で捕れる魚の種類は、海寄りの地域のそれとは異なる。ここには海寄りの地域に居住するコリャークの主要な食糧であるサケ類は上がってこない。代わりに、クチャウ（kəcaw）「カワヒメマス」、ムカームク（məqaməq）「ボラ」、イルアク（ilʕaq）「カワメンタイ」、エニュンニュキ

(enʼənnʼəki)「コクチマス」、ジャジョチウンヌウン (jajocaʔənnəʔən)「イワナ」などの川や湖の魚が豊富に捕れる。

　このうちクチャウ、ムカームク、イルアクは、それ以上分析ができない、いわば一次語である。おそらく、古くからコリャーク語固有の語幹として用いられてきたものであろう。一方、エニュンニュキとジャジョチウンヌウンは、これらとは語構成が異なる。前者のエニュンニュキはヌンヌ (nʼənnʼə)「名前」という名詞語幹に、「〜がない」を意味する接周辞エ‐・・‐キ (e-...-ki) が付加された、いわば「名無し」という意味の語である。また後者のジャジョチウンヌウンは、おそらく「キツネ」を意味するジャジョラ (jajola) と関係がある名詞語幹ジャジョチャ (jajoca) と「魚」を意味するウンヌウン (ʔənnəʔən) が合成された複合名詞である。「キツネ魚」というのは、その容貌がキツネを想起させることに由来しているのであろう。このようにエニュンニュキとジャジョチウンヌウン、いずれも説明的な二次的派生語である。その概念の獲得、あるいはその語形成が一次語に比べればそれほど古くないことを予想させる。

　ちなみに、エニュンニュキ、すなわち、「名無し」と名づけられたコクチ

フィッシングの重要性は年々増している。囲い込み漁（写真上）、釣竿漁（写真中）、氷上穴漁（写真下）と漁法も多彩。

マスは、この地域の多くのコリャークの出身地、ヴェルフ・パレニにはいない目新しい種である。自分たちの故郷にはいないこの魚を初めて見てにわかに名前が思い浮かばず、とりあえず「名無し」と呼んでいたものが、いつしか本当の魚名になった経緯は容易に想像できる。

〈6〉トナカイをめぐる語彙

トナカイ遊牧のサイクル

このようにチャヴチュヴァンの生業活動は多様である。とはいえ、少なくともペレストロイカが始まるまでは、トナカイ遊牧こそが彼らにとって圧倒的な重要性をもっていた。たとえば、イカヴァヴさんはトナカイ遊牧ブリガードで働いていた頃、放牧の合間に、必要に応じてフィッシングはおこなっていたが、狩猟の経験はほとんどなかったと言う。各戸平均月一〜二頭、年間を通じれば二〇頭前後の割合でトナカイの屠殺をおこなっていた当時は、狩猟で肉の不足を補う必要もなかったであろう。イカヴァヴさんは年金生活に入ってから、本格的にオモロン河にキャンプを張りフィッシングを始めた。捕った魚は日干し、塩蔵、燻製、冷凍などにし、半分は自家消費用に、半分はクバクで小麦粉、茶、砂糖などの食糧と物々交換する。そのかたわら、年間を通じてわずか三頭ほどしか屠殺しなくなったトナカイ肉の不足を補ったり、毛皮を売ったりするために、罠猟も始めた。しかし、こちらの方はどうもあまり得意ではないらしく、しばしば罠をしかけた場所から空っぽのリュックを背負い、スキーを重たそうに引きずりながら家路に向かうイカヴァヴさんを見かけたものだった。なんといっても、トナカイ遊牧に関する豊かできめ細やかな知識こそが、イカヴァヴさんの真骨頂であると言える。

ここで、そのイカヴァヴさんからの聞き取りにもとづき、トナカイ遊牧のサイクルをごくおおまかに見てみよう。

まずは出産から。三月はトナカイが出産を始める季節である。冬営地あるいは初春の宿営地から、数日、初春の家畜囲い場に出かけ、そこで出産をひかえたメストナカイを他のトナカイから選別して、群れを二つに分ける。一つはメストナカイの群れであり、もう一つは出産にかかわらないトナカイを統合した群れである。これには、オストナカイ、その年不妊のメストナカイ、生後一年の仔トナカイなどが含まれる。このように群れを二つに分けるのは、生まれたばかりの仔トナカイに母トナカイが授乳する際、すでに生後一年になる仔トナカイが自分も乳を飲もうとして妨害したり、他の成畜トナカイが仔トナカイを踏みつけたりするのを防ぐためであると言われている。

出産後、六月末から七月初旬になり、仔トナカイの足腰がしっかり立つようになると、二つに分かれていた群れを再び結合させ、通常の放牧体制に戻る。こうして夏営地に向かって移動を始める。その間には、去勢、耳の切り込み印入れ、袋角切りなどの作業がおこなわれる。八月になり秋営地に向かう頃には、仔トナカイがすでに自力で牧草を食むようになり、トナカイの搾乳もおこなわれる。コリャークには通常、搾乳の習慣がないと言われているが、おそらく、トナカイに騎乗し搾乳するツングース系エヴェンのトナカイ飼養民との接触により、搾乳を覚えたものと考えられる。彼らは暖めたりはせず、絞りたてをそのまま生で飲む。この時期、キノコを食べた後のトナカイのミルクは、とりわけ脂肪分が多く栄養分に富んでいると言われている。

秋営地では、種トナカイが発情期に入る前に角を切る。発情期になると種トナカイ同士は角を突き合い、時には殺し合いになることもある。体力を消耗させないように、角のもとの部分だけ残し、枝分かれした部分を鋸で切り取る。切り取った角はナイフの柄、指貫、投げ縄の錘《おもり》、鞭の柄や先端、スプーンなどさまざまな道具の材料に使われる。

九月になると、発情期が始まる。発情期になると種トナカイは肥えて動きが鈍くなる。一方、他のトナカイたちはキノコを求めて駆け回るので、牧民は群れを集めなければならない。

冬営地に移動すると、群れの通常の放牧に加えて、橇用のトナカイの調教が重要な仕事になる。まず、群れの中から橇用に調教するためのトナカイを捕獲する。そうしておいてから長年、橇用に使われてきた老トナカイといっしょに繋いで二頭立てにして、毎日、少しずつ短距離を走らせて調教する。

コリャークの人々は、たとえ従順でなくても体型の美しいトナカイを橇用に選び、調教するように努める。このようなトナカイを、コリャーク語ではマルトゥウムルウン（malətʃəməlʃən）「よい骨をもったもの」と言う。

◎生殖能力にもとづくトナカイ名称の分類

家畜飼養を生業とする民族の言語において、その名称が細かく分節されていることは、よく知られているところである。トナカイ遊牧民コリャークも、もちろんその例外ではない。家畜トナカイの名称は、年齢や性別に応じ、次のように細かく区別されている。

○歳　春　トジェトカジュージュ（tojetoqajuju）（生まれたての仔）
カジュージュ（qajuju）
夏　（オス）クリクカジュージュ〜クリーキン（qəliqqajuju〜qəlikin）

一歳 春 （メス）ウッチュウェク（əccuwek）
（オス）トゥイペンウェル（tujpenwel）
夏 （メス）チョッチュワンカトコイ（coccəwanqatqoj）
（オス）ペンウェル（penwel）
（メス）ワンカトコイ（wanqatqoj）
二歳 春 （オス）トゥジュクジュムントゥ（tujəkjəməntə）
（メス）クジュムコイ（kəjəmqoj）
夏 （オス）キームントゥ（kiməntə）
（メス）クジュムコイ（kəjəmqoj）
三歳 春 （オス）チョッチュチュムントゥ（coccəcəməntə）
（メス）ウェンコイ（wenqoj）
四～六歳 （オス）トイウィヌクジュン（tojwinəkjəŋ）
（メス）トイウェンコイ（tojwenqoj）
七～九歳 （オス）ウンプウィヌクジュン（ənpəwinəkjəŋ）
（去勢オス）ウンプチュムガ（ənpəcəmŋa）
（メス）ウンプウェンコイ（ənpəwenqoj）

十〜十二歳　（オス）ペルクウィヌクジュン（pelqəwinəkjəŋ）
（去勢オス）パリクチュムゲ（pal'qəcəmŋe）
（メス）パルクウェンコイ（palqəwenqoj）

年令によって名称の分節には偏りがある。すなわち、〇歳から三歳までのトナカイには細かい名称の区別がなされているが、四歳を過ぎると、オスはウィヌクジュン（winəkjəŋ）、去勢オスはチュムガ（cəmŋa）、メスはウェンコイ（wenqoj）と名称は変わらなくなる。ただ「若い」か「年取った」か「非常に年取った」かを修飾成分として加えて区別するだけになる。これはトナカイの名称がおそらく生殖・出産可能性に着目した分節であるため、生殖・出産ができなくなる年齢を境に細かい名称の区別がなくなると考えられる。トナカイの寿命は平均一二〜一五年と言われているが、時に、「二〇年から三〇年かな」などとおおざっぱな答えが返ってくるのも、コリャークにとっては生殖可能性が最大の関心事であり、その年齢を過ぎてしまえば何年生きようと大した問題ではないという、彼ら独得のトナカイに対する関心のありかたをうかがわせるものであるのかもしれない。

さらに、トナカイには個別に与える固有名詞はない。チュケン（ceqen）

「灰色の」、エルグチグルウン（elɣəcɣəlʃən）「灰白色の」、ジュッチュグルウン（jəccəcɣəlʃən）「赤みがかった」、ルーキン（luqin）「黒い」、エリガイ（el’ɣaj）「白い」、ジャウカリ（jawkali）「白足の」、イルグルオ（ilɣəlʃo）「鼻面の白い」、ジャクリグン（jaqəl’ɣən）「灰色と白色の混じった」、ウプリュリャ（əpl’əl’a）「黄色の」、イルグプリュリャ（ilɣəpl’əl’a）「薄黄色の」などの毛色や、クムリェチグルウン（kəml’ecɣəlʃən）「巻き毛の」、ヴェッリャチグルウン（vell’acɣəlʃən）「毛の逆立った」、トゥムリェチグルウン（təml’ecɣəlʃən）「毛の濃い」などの毛並みを表す語で通常個体を識別する。

たとえば「イカヴァヴの灰色のトナカイ」のように、所有者を表す語と毛色や毛並みを表す語を組み合わせて言えば、たいていのトナカイ遊牧民なら群れの中から目当てのトナカイを容易に見つけ出すことができる。

◎耳の切り込み印は家紋のようなもの

群れの中から目当てのトナカイを捕獲してもらう際に、このように所有者を明示するのは、所有者によってトナカイの耳の切り込み印が異なるためである。

トナカイには、所有者の区別がつくように、生後間もなく、あるいは簡単に捕獲できない場合にはできるだけ一年以内に、耳に切り込み印が入れられる。切り込みは鋭いナイフで、普通、両耳を様々な形に切り取って入れられる。その際、仔トナカイの耳や頭は触ってもいいが、鼻や尻は触ってはいけないと言われている。出血があるときには、歯で傷口の周りを噛んでやるといいそうである。

切り込み印は個人所有のトナカイにもコルホーズ所有のトナカイにもつけられる。個人所有のトナカイの切り込み印は、先祖代々伝えられる。所有しているトナカイの切り込み印が偶然に一致した人同士はコジャートムグン（qojatomɣən）「トナカイの友」（qoja「トナカイ」、tomɣ「友」、-ə-挿入、-n 絶単）と呼び合い、このうち年長者がトナカイを相手に贈ることがある。

この切り込み印について、イカヴァヴさんに絵を描いてもらいながら聞き取り調査をしているうちに、ひとつひとつの印に驚くほど長い名称がつけられていることに気がついた。たとえば、イカヴァヴさんの奥さんカーチャさん所有のトナカイの切り込み印は祖父から受け継いだものだが、右耳の下側に二つ、上側に一つの半月の切り込み、左耳には下側に一つの半月の切り込

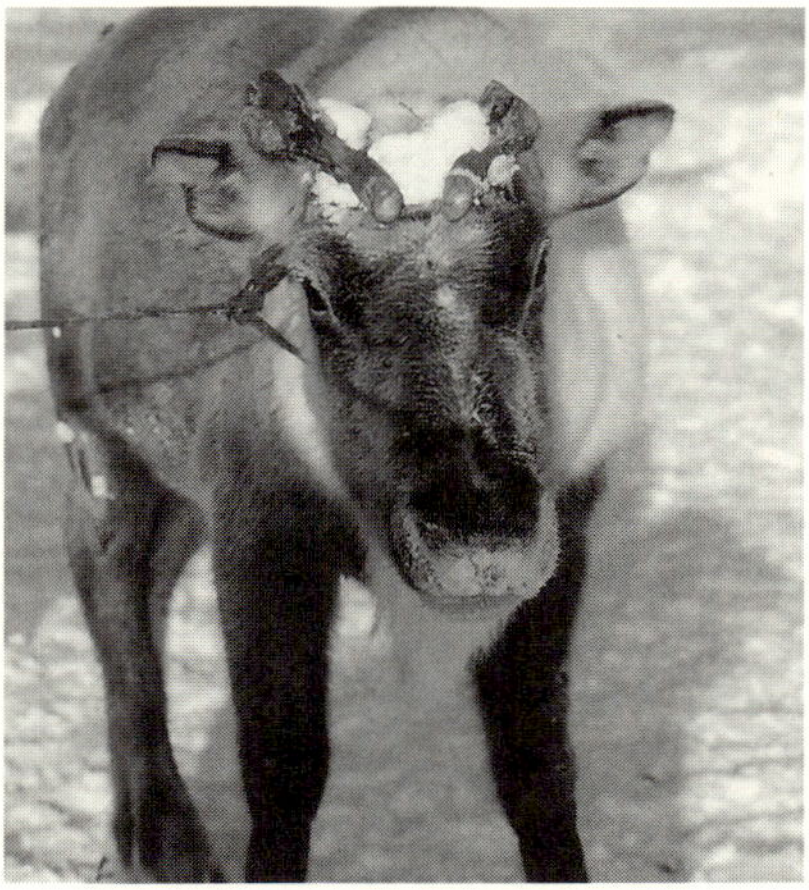

耳を見れば所有者がわかる

みがあるのに加え、先端が切り取られている。この切り込み印を、コリャーク語でガチグチヴェ　エッウィヴィチューギグ　ムジャンクルヴァト　ムジャジュングタト（ɣacɟəcve ewwivicuɣiɟu məjankəlvat məjajaŋŋətat）と呼ぶ。その意味は、さしづめ、「左先端切り落とし、左下向き切り込み、右上下八の字切り込み、右下向き二切り込み」である。

切り込み印の名称は、次のような原理でつけられる。まず、切り取られた形状によってチヴィ（cvi）「先端切り落とし」、ヴィチューギグ（vicuɣiɟu）「下向き切り込み」、ヴィチュトゥク（vicutku）「上向き切り込み」、ジュクルヴァット（jəkəlvat）「上下切り込み」、ジュカングタト（jəqaŋŋətat）「片耳片側二切り込み」などに分類される。このうち、ヴィチューギグは通常、耳のまんなかに入れられるが、特に根元近くに入れられるものと先端近くに入れらるものには、さらにイウテリ（iwtel'）「下方の」～カクヴェリ（kakvel'）「根元」、グチゴリ（ɣəcɣol'）「上方の」という修飾要素が前に付加される。これにさらに、その切り込みが耳の右側ムジャ（məja）につけられるか、左側ガチグ（ɣacŋ）あるいはエッウェウ（ewwew）につけられるか、あるいは両耳に同じ切り込みガルグル（ɣalŋəl）がつけられるかが明示される。こうして、片耳の切り込み印の名称はできあがるが、両耳の切り込み印の名称は、まずチヴィ「先端切り落とし」から始まり、それがある側から反対側へという順番につけられる。

ここでひとつ興味深いのは、左側を表す語幹にガチグとエッウェウの二種類があることである。これに対して右側を表す語幹にはムジャ一つしかない。このうちエッウェウはトナカイ固有の語である。通常は、「右」とガチグ「左」が対の語になるが（たとえば、ムジャームングルグン（məjamənɣəlŋən）「右手」－ガチグムングルグン（ɣacŋəmənɣəlŋən）「左手」）、トナカイの場合にかぎって、ムジャとエッウェウが対となる（たとえば、ムジャーグトゥクルグン（məjaɣətkəlŋən）「左足」－アッウァウグトゥグルグン（awwawɣətkəlŋən）「右足」）。なぜ左だけにトナカイ専用の語があるのかはわからないが、左側というのはどうやらトナカイにとって重要な側らしい。ちなみに、二頭立てのトナカイ橇の左側のトナカイをやはりエッウェウと呼び、競走や長距離を旅するときには必ず左側に速いトナカイを置くという。

このような細かな名称を調べているうちに、私は、コリャークにとって、トナカイの耳の切り込み印は、単に所有者を区別するという以上の意味をもっているのではないかと思うようになった。コリャークは切り込み印の有無にかかわらず、トナカイの毛色、毛並み、体型などから個体識別することができると言われている。すると、切り込み印は、単なる所有者同定のための印というよりも、むしろ、その所有者自身の家紋のような意味をもっているのかもしれない。家紋が先祖代々伝えられるように、切り込み印もまた先祖代々伝えられる。切り込み印が長く継承されるということは、その所有者の家系もまた長く継承されることを意味する。反対に、切り込み印が廃れるということは、その所有者の家系が廃れることになる。

ツンドラでは、このように人とトナカイはまさに運命共同体である。だからこそ、コリャークは切り込み印に驚くほど細やかな表現をほどこしてきたのであろう。

IV

コリャーク語に未来はあるか

〈1〉先細る生業・先細る言語

◎トナカイ遊牧の急激な衰退

トナカイ遊牧民コリャークが長年、営んできたトナカイ遊牧という生業活動は、しかし、ペレストロイカ以降、急速に衰退の一途をたどっている。

クレスティキ周辺には、現在、第五と第一三の二つのトナカイ遊牧ブリガードがあるが、このうち、第五ブリガードは、すでに紹介したようにわずか一六〇頭あまりのトナカイを残すだけとなった。それにともない、移動距離も大幅に縮小した。イカヴァヴさんがブリガード長として働いていた当時は、ネクチャン川からババカン川までの直線距離にすると約五〇キロ、全移動距離にすれば約二〇〇キロを移牧していた。しかし、今ではババカンには移動せず、ネクチャンからザハレンコまでの直線距離にしてわずか二〜三キロ、全移動距離にしても約八〇キロを移動するだけになった。

そのわずかばかりのトナカイをわずかばかりの遊牧地で放牧しているのは、三〇歳以下の若い牧民数人である。私のインフォーマント、イカヴァヴさんがかつてブリガード長を務め、数年前までは、イカヴァヴさんの義兄故コースチャ叔父さんが若者たちにトナカイ遊牧の方法、トナカイ橇の作り方などを親身に伝授していたこの第五ブリガードに、今や頼りになる年長者は一人もいなくなってしまった。

このような第五ブリガードの急激な衰退ぶりは、その地理的位置とも関係がある。第五ブリガードは、ちょうどクレスティキとそこから約七〇キロほど離れた金鉱山のあるクバクの中間に位置している。一二月もすぎてマガダンからの冬道が開通すると、クバクには物資を載せたトラックが次々とやって来る。第五ブリガードやクレスティキの人たちは、トナカイ肉や魚をトラックで運ばれてくる食糧と交換するために、次々にクバクに向けて出かけていく。

ウォッカもまた、彼らの待ち望んでいるもののひとつである。大切なトナカイ橇を駆ってクバクに着いたが最後、二度と使いものにならないほど疲弊したトナカイは殺され、次々とウォッカに換えられていく。

泥酔の上に泥酔を重ねたその狂乱ぶりが収まるまで、丸一週間クバクで足止めを食らったとき、私にはこれが自分たちのトナカイをあれほどまでに大切にしているその当人たちだという事実をどうしても受け入れることができないのだった。

◎コリャーク語が生きる最後の場所へ

一方、第一三ブリガードは、クレスティキをはさんで第五ブリガードのちょうど反対側に位置する。クレスティキからは東南に一〇〇キロあまり。セヴェロ・エヴェンスク地区の中でも、最も辺境に位置するブリガードである。第五ブリガードとは対照的に、ここではまだ七〇〇頭ほどのトナカイが放牧されていると言われている。ブリガードには、私たちが訪れた一〇月初め、秋季のフィッシング・キャンプにテントを張る四戸の家族と、そこから南に約五キロ離れたトナカイ放牧地で宿営する二人の男性の、全部で一五人が居住していた。

この第一三ブリガード行きを私は今回のツンドラでのフィールド調査の中でも、とりわけ楽しみにしていた。私たちは九月の初めにクレスティキに着くとすぐに、一〇月初めには第一三ブリガードに行くことを決め、着々と準備を始めた。いちばん問題なのは交通手段である。トナカイ橇で一〇〇キロ走破するには一〇月はまだ雪が充分ではない。かといって、トラクターの幌もついていない荷台に乗って行くのも心細い。そこで私たちは苦肉の策を講じた。トラクターの運転席だけを取り外し、それにクレスティキ川の河原に

〈第 13 ブリガードにて〉
秋の宿営地からエグルグキ（皮のない）山を望む
（写真上）
トナカイの群　（写真中）
放牧キャンプの牧民たちと。左から 3 番目が筆者
（写真下）

放置されていた窓もドアもついた箱形の荷台を連結したのである。中には何人かで雑魚寝ができるだけの大きさの木製の簡易ベットも作った。第一三ブリガードまでは一〇〇キロあまりの距離。私たちは二日がかりの旅を予定していた。クバクまでの道中と違い、途中、泊まれるような小屋もない。もちろん、ストーブを取り付けるのも忘れなかった。ちょうど中間地点にあたるクルネイ山付近は吹雪の名所である。一日二日の遅れが出ることも想定して、十分な食糧も準備しておかなければならなかった。出発の朝、私たちが「バス」と呼んでいたこのトラクターには、いつのまにか我も我もと総勢九人が乗り込んだ。

しかし、これだけ用意周到であったにもかかわらず、やはりハプニングは起こった。クレスティキから猛烈な振動に耐えながらなんとかクルネイ山の裾野までたどり着き、川を渡っていたときだった。川のど真ん中でトラクターが深い砂利にはまって動かなくなってしまったのだ。夜を徹して引き上げ作業をしたが、トラクターはがんとして動かない。翌朝、運転手のリョーシャと、第一三ブリガードから自分の橇用のトナカイを連れてくるために同行したエリトーの二人が、徒歩でクレスティキに引き返した。クレスティキか

クルネイ山の麓を行く
私たちの「バス」

らは助けのトラクターを、第一三ブリガードからは無線で出迎えを頼むためである。結局、私たちは助っ人のトラクターと出迎えの人たちがやってくるまで、なんと丸々一週間、川のど真ん中で毎晩、猛吹雪のうなりを聞きながら眠ることにあいなった。初めのうちはまだ流れていて、岸とトラクターの間に小さな橋を渡して行き来しなければならなかった川は、見る見るうちに凍っていき、引き上げ作業はますます難航するばかりだった。

第一三ブリガードへのアクセスは、このように生やさしくない。しかし、このアクセスの難しさこそが、このブリガードを外からの諸々の変化の圧力から守っているのだと言えよう。ようやくたどり着いた第一三ブリガードには、まだかろうじてトナカイ遊牧民の伝統的な生活が残されていた。

◎家畜から愛玩動物へ

とりわけ私を興奮させたのは、日常生活の中でコリャーク語がまだ十分に機能していることだった。ここでは、四〇歳以上の中高年層のコリャークたちは、お互い同士、コリャーク語で日常会話を交わしている。フィッシングの様子、トナカイの群れの動向など、すべてコリャーク語によって情報交換がなされている。同行したアヤトギーニン叔父さん、四五歳になるエリトー、二つ年上の彼の奥さんのリューバ、そのうえ若い運転手のセリョージャやリョーシャまでが、いつのまにかコリャーク語にコード・スイッチングしている。第一三ブリガードは、彼らが自然にコリャーク語を使いたくなる最後の場所なのにちがいない。

一方、第五ブリガードの状況はこれとは対照的である。放牧に携わっている若者たちは誰一人としてコリャーク語を話すことができない。イカヴァヴさんたちが働いていた時代には、まだ、トナカイの群れを放牧するために欠かせない、トナカイ遊牧をめぐる豊かな語彙とその語彙の背景にある豊かな知識が生きていた。ところが、それらすべてが今ではコリャーク語とともにごっそりと失われてしまっているのである。イカヴァヴさんは言う。トナカイ遊牧の細かな技術や知識は、コリャーク語でなければとうてい言い表すことができないのだと。

たとえば、かつてトナカイの群れが大きかった頃、トナカイは、前述のよ

〈トナカイの屠殺〉
コリャークの動物資源観が刻明に映し出される
捕えたトナカイの心臓をナイフで一突きするのは男の仕事　（写真上）
トナカイの皮を両側から引っぱってはぐ。解体作業一切は女性の仕事　（写真中）
子どもたちはこうしてトナカイの解体方法を覚えていく　（写真下）

うに毛色や毛並み、それぞれに名称をもつさまざまな耳の切り込み印によって個体識別されていた。犬とは異なり、固有名を付すことなどなかった。しかし今、主に橇用のわずかばかりのトナカイだけが残された第五ブリガードの若者たちは、すでにそれらをコリャーク語で識別するすべを知らない。代わりに、彼らはムィショノック「仔ネズミ」、スニケルス「チョコバー」、ボーイング「ボーイング」、ストゥレロック「射手」、カバン「イノシシ」など、ロシア語の愛称をつけるようになっている。これは、トナカイが種を増やしていく家畜としての本来の価値を失い、ある種の愛玩動物化していることを如実に示すものであろう。

トナカイ遊牧という生業の先細りとコリャーク語という言語の先細りとが同時進行していることをうかがわせるこの例は、言語が単なる伝達の道具でもなければ、記号のセットでもなく、当該民族の生業にかかわる膨大な技術や知識を擁したものなのだということをいやがうえにも思い出させる。

とはいえ、今はまだコリャーク語が日常的に使われている第一三ブリガードでも、コリャーク語が聞かれなくなるのは時間の問題である。先に述べた四〇歳以上の中高年層というのは、実はわずか四人だけ。そのうちの一人は私たちがブリガードを去る日、いっしょにテントをたたんでクレスティキに向かった。健康を害し、これ以上ブリガードでの重労働には耐えられなくなったからだ。残されたコリャーク語の流暢な人はわずか三人だけとなった。それ以外の若者や子どもたちはもうすでにコリャーク語を話すことはできない。

第一三ブリガードがいずれ第五ブリガード同様、コリャーク語の話せない若者だけになる日は、確実に近づいている。

この第一三ブリガード行で私がはっきりとわかったことは、セヴェロ・エヴェンスク地区にはもはやコリャーク語が生きた言語として保持される可能性を残した場所はどこにもないということだった。

〈2〉それでも守りたい人がいるかぎり

◎こうして二冊目の絵本ができた

ツンドラでのフィールドを終え、私はもう一度自分がこれからどのようにコリャーク語とかかわっていくべきかを自問自答し始めた。もし、コリャーク語の消滅が避けられないとするならば、その保持・再生のために多くの時間を費やすよりも、いっそコリャーク語が消滅した将来を見越して、言語学的に確かな記述を残しておくことだけに徹した方がいいのではないかと、何度も自分自身に問い返した。

これまで、コリャーク語に向き合うときにはいつも、言語学者としての本来の仕事である文法記述、辞書・テキストの編纂といったコリャーク語の記録保存と、現地の人たちと協力しておこなうコリャーク語保持の活動、この二つを限られた時間の中でどのようにバランスよく、なおかつ有機的に進めて行くべきかということを考えてきたつもりではある。

しかし、天秤は大きく記録保存の方に傾き出していた。それほど、私が半年にわたりツンドラで見てきたコリャークとコリャーク語のおかれている現状は深刻だった。しかし、このように考える心の片隅には、そのような彼ら

リューバさん

の厳しい現実からも、現地での彼らとの諸々の心理的軋轢からも自由になりたい。一、二の気心の知れたインフォーマントと心安らかに、私自身の本来の関心事である言語事象の掘り起こしに専念したいという気持ちが潜んでいたことも否定できない。

しかし、その後の出来事は、否が応でも私を再び現地の人々のもとに連れ戻していった。

私が以前からいっしょに仕事をしてみたいと思っていたコリャークの一人に、リューバさんという四〇過ぎの女性がいた。初めて見たアリョーシャのコリャーク式葬儀の際に、ウェル（wella）「ワタリガラス」と呼ばれる介添人の一人として、死者に付き添い、火葬に付すために薪木の上に横たえられた死者の腹にいきなりナイフを突き刺したのがこのリューバさんだった。これは、死者を火葬している間に、内臓が破裂しないようにするための事前の処置だったが、私は、その手際よさと「勇猛果敢さ」にすっかり驚き入ってしまったものだった。この人なら、コリャーク語もコリャークの伝統文化もよく知っているかもしれないと私はすぐに直感した。

たしかにリューバさんはコリャーク語の流暢な話し手だった。しかし、いっしょに仕事をすることは、彼女の重いアルコール中毒のために長いことかなわなかった。

その彼女がついに禁酒をして、私を訪ね、自らコリャークの民話を語り始めたのだ。初めて語ってくれたのは、湖に映った自分の姿を若い娘と勘違いして、身投げしてしまった間抜けなワタリガラスの話だった。これは彼女がまだ小さい頃、祖母のマッケが語ってくれたたくさんの民話のひとつだった。こうしてリューバさんは、アルコール中毒との二〇年にわたる長い長い格闘の末、この民話を遠い記憶の中からよみがえらせたのだった。そうでなければ、アルコールとともに永遠に記憶のかなたに押し流されてしまったかもしれない、それはかけがえのない民話だった。

私は迷うことなく二冊目の絵本作りに取りかかった。リューバさんは自分がアルコール中毒患者であったことを告白することで、少しでも同じ病気に苦しむ人々の励ましになればと、「語り手のことば」で自らの来し方を包み隠すことなく吐露してくれた。彼女は書く。「まだ若かった頃、私はツンドラでトナカイ遊牧民として働いていた。その頃、ツンドラにはまだトナカイ

できあがった２冊の絵本『ワタリガラス』（写真上）と『カワヒメマスとカレイ』（写真下）

がたくさんいた。みんないい生活をしていた。それから私は飲み始め、気がつくと、空っぽのツンドラに取り残されていた。春の宿営地ではみんなお腹をすかせていた。頼みの綱はフィッシングだけだった。私はこの現実に衝撃を受け、そして、禁酒を誓った。私はアルコールのためにこれまで無駄にしてきた時間を、子どもたちに私の知っているコリャーク民話や伝統舞踊を伝えていくことで取り戻したい。」

挿絵は、和紙のちぎり絵作家、北村眞由美さんが描いてくださった。和紙で描くコリャーク民話、この組み合わせが新鮮でお願いしたところ、意外や意外、少しも違和感のない素朴で暖かい絵ができあがった。

編集には、二冊目からエヴェンスクの寄宿学校でコリャーク語を教えるタチアーナ・ユーリエヴナさんが参加してくれた。子どもたちにどうしたらコリャーク語をよりよく伝えていくことができるかを、おそらく村でいちばん真剣に考えてきた彼女にいっしょに本作りに携わってもらうことで、できるだけ子どもたちに親しみやすい絵本にしたいとの願いからである。

一冊目の絵本では、お話の部分にロシア語訳は意識的に排除したが、授業の副読本として使うことを考えると、やはり最低限の単語にはロシア語訳があった方がいいとの彼女の助言も採用された。正書法についても、この地域のコリャーク語の音声的特徴をできるだけ反映したものに修正した方がいいと言ってくれたのも、やはりいつも子どもたちのことを第一に考える彼女ならではの意見だった。私は彼女とよりよい絵本作りのための議論を重ねながら、こうして絵本を作り続けていくかぎり、ひとつひとつの絵本が次の絵本のためのたたき台になるのだということを実感した。

そして、絵本を作るたびに参加する人が増え、いずれは子どもたちが中心になって民話の採集が進められるようになったらどんなにかいいだろうと、しぼみかけた夢は再びふくらみ始めた。

◎いつでもサポートの手を差し伸べられる研究者でいたい

二〇〇二年一一月末、私がメンバーとして参加してきた文部科学省科学研究費補助金「特定領域研究」、『環太平洋の「消滅に瀕した言語」にかんする緊急調査研究』の事実上、最後の会議となる第四回国際学術講演会が京都で開かれた。この会議には、研究者以外に、現地で言語教育や言語保持活動に携わってきたネイティヴの人たちにも参加を呼びかけた。私のフィールドからは、タチアーナ・ユーリエヴナさんが参加し、コリャーク語教育の現場から生きた声を聞かせてくれた。

「私が民族寄宿学校で教えてきたささやかな経験は、コリャーク語という北東アジアの辺境にある話し手五〇〇〇人ほどの小さな言語に限られてはいる。しかし、コリャーク語をふくめ世界の多くの言語が直面している消滅の危機の問題は普遍的である。その意味で、コリャーク語が失われてゆくことに対する私の思い、これまでのコリャーク語教育における試行錯誤に対して共感し、さらには、これから私が進んでいくべき方向に啓示を与えてくださる方にこの会議を通じて出会えることを心から願っている」という言葉で始まったタチアーナさんの講演は、これまでの彼女のコリャーク語教育の現場での孤軍奮闘、試行錯誤を忌憚なく語ったものだった。

マガダン教育大学の初等教育学部でロシア語による初等教育の教授法を学んだ彼女が卒業後最初に配属されたのは、ロシア人、エヴェン、カムチャダールの子どもたちがいっしょに学ぶエヴェンスクの隣村ガルマンダの初等小学校だった。四五分の授業の間にはロシア語の読み書きや数え方も教えれば、掛け算、ロシア語文法、正書法も教えた。そこはコリャーク語には、とんと縁のない職場であった。

その後、一九九三年にエヴェンスクの民族寄宿学校でコリャーク語を教え始めたタチアーナさんは、教科書もなければ教授法もない、コリャーク語の文法も正書法もよく知らない、言ってみれば素手で戦いに赴く戦士のようなものだった。子どもたちは子どもたちで民族語の基礎すらまったく知らなかった。藁にもすがる思いで、『絵で見るロシア語』というロシア語の教材を使い、そこにあげられている「服」「食器」「家族」などのテーマに沿って、コリャーク語の単語を覚えさせてみたりもした。セヴェロ・エヴェンスク地区教授法研究所から借りてきた『コリャーク語』という本で正書法を独習しては、それを生徒に教えるという泥縄式の授業が続いた。しかし、しまいにはどうしたらコリャーク語教育の現状を変えられるのかわからなくなり、無力感にさいなまされた。

長いことコリャーク自治区からの情報も協力もない状態で、たった一人、悪戦苦闘してきた彼女の苦労は並々ならぬものがあったはずである。

しかし、今は違う。彼女はこの会議に参加したことによって、民族語が失われていくことに対する悲しみ、それに対してなすすべを知らない焦燥感を、自らの痛みとして心から共感してくれる人が少なからずいることを知った。講演の後、多くの研究者やネイティヴの方々が彼女に暖かい励ましの言葉をかけてくれた。オランダのクローニンゲン大学のデグラーフ博士は、近々、サンクトペテルブルグで彼の肝いりで開かれる少数民族言語の教師養成講座にタチアーナさんもぜひ参加するように勧めてくれた。サンクトペテルブルグのロシア科学アカデミーのウデヘ語研究者アルビーナ・ギルファーノヴァさんは、コリャークの子どもたちをサンクトペテルブルグのゲルツェン・ロシア教育大学に送って、コリャーク語の勉強をさせたらどうかと提案してくれた。

この会議には、また、アリエスク（国際社会の中での子どもからの生涯教育ネットワーク促進協会）というNGOを主催している岡本豊さんも駆けつけてくださった。岡本さんが展開しているのは、先進国、後進国のいかんにかかわらず、アジア太平洋地域の子どもたちがインターネットを通じて文化交流をするというプロジェクトである。このプロジェクトに、タチアーナさんの教えるエヴェンスクの民族寄宿学校も参加することになったのである。

これは、オホーツク海より外の世界を知らないコリャークの子どもたちが、さまざまな地域の子どもたちと、それも希望するならばコリャーク語を使って交流することを通じて、自らの民族的アイデンティティを再確認し、さらには、自文化への愛情を深めるまたとない機会となるにちがいない。エヴェンスクの村でインターネットを開設する際の技術的な問題、さらには管理やメインテナンスの問題など、実際に子どもたちが自由に利用できるまでにはまだしばらく時間がかかりそうだが、タチアーナさんには周囲の協力をえて、ぜひ稼働までがんばってもらいたいものだ。

コリャークの子どもたちがツンドラの親元を離れて通う村の寄宿学校の普通学校への併合など、あまりに急激にコリャーク語を学ぶ環境が失われていく知らせは後を絶たない。

しかし、私のまわりにはいつしか自分たちの言語をなんとか守っていきたいと願うコリャークが集まりつつある。そもそも、コリャーク語は、将来の言語研究者のためのものである以前に、なによりもコリャークの人たちのものであるはずである。その人たちがコリャーク語が一日でも長く保持されていくことを望むかぎり、私はいつでもサポートの手を差し伸べられる研究者であり続けなければならないと思う。

あとがき

本書は、『月刊言語』(二〇〇一、七〜一二月号、大修館書店)に六回にわたって連載した「シベリアを歩く」をもとに、これに新たにⅠ部、Ⅲ部、Ⅳ部を加えて一冊にまとめたものである。二〇〇一年にこの「シベリアを歩く」を書き起こしてからこれまでのわずか一年あまりの間にも、コリャークの人々やコリャーク語を取り巻く状況はいっそう厳しさを増している。

Ⅳ部でも触れたが、コリャークの子どもたちが学ぶエヴェンスク村の民族寄宿学校は普通学校に併合され、ロシア化にさらに拍車がかかった。私が滞在していたときにはまだ子どもたちの元気な笑い声が響いていたクレスティキ初等小学校は閉鎖され、コリャーク語を教えていたタチアーナ・ニコラエヴナさんは、新たなコリャーク語教師の職を求め、最愛の夫アヤトギーニン叔父さんを残してエヴェンスクに移住せざるをえなくなった。この学校のもう一人の教師であり、私が半年間生活をともにしたゾーヤ・インノケンティエヴナさんも職を失った。失意のうちに病に倒れたゾーヤさんは、私が彼女のもとを去ってからわずか八か月後の昨年末に急逝してしまった。

ツンドラのトナカイもさらに減少の一途をたどっている。今年の正月、スノーモービルを駆ってツンドラを再訪した私は、去年はかろうじて一六〇頭あまりいた第五ブリガードのトナカイが、すでに五〇頭を割ったことを知らされた。

コリャークの伝統的な生活文化は、まさに文字通り音を立てて崩れている。もちろん、コリャーク語とてその運命を免れうるはずはない。

しかしそれにもかかわらず、危機的要素をはらみつつもとりあえず安泰なモンゴル語から、このような先の見えない言語に研究対象を移したことを一度も後悔したことがないのはどうしてなのだろう。後悔しないどころか、私はコリャーク語に出会えたことを心からよかったと思っている。コリャーク語という取り組み甲斐のある現象に満ちあふれた言語を知ったことにより、私の言語学的視野はずいぶんと広がった。コリャーク語のおかれている危機状況に直面したことにより、言語を研究することの本来の意味を自分なりに探し求める機会が与えられ、さらには、私のフィールドでの試行錯誤や葛藤を受け止め、支えてくれるすばらしい人たちにもめぐり会うことができた。そのような豊かな体験を可能にしてくれたコリャーク語から、どうして容易に立ち去ることなどできるだろう。

一人一人お名前をあげることはできないが、これまで私の研究をさまざまな形で支えて下さったすべての方々に心からお礼を申し上げたい。

最後になるが、「シベリアを歩く」を連載中、毎回、丁寧な励ましのコメントを下さった大修館書店の小笠原豊樹さん、本書刊行のためにひとかたならぬご尽力をいただき、いつも配慮に満ちた編集をして下さった日高美南子さんにも、記して厚くお礼を申し上げたい。

二〇〇三年二月

呉人　恵

参考文献

青木晴夫（一九九八）『滅びゆくことばを追って』（同時代ライブラリー331）、岩波書店。

池上二良（一九七八）「北方少数民族の言語」『月刊言語』七（九）：七二‐七四、大修館書店。

――（一九八三）「北方諸言語に寄せて」『月刊言語』一二（一一）：三八‐四五、大修館書店。

――（一九八九）「東北アジアの土着言語、東北アジアの言語分布の変遷」三上次男・神田信夫編『民族の世界史3 東北アジアの民族と歴史』一二六‐一六一、山川出版社。

金子 亨（一九九九）『先住民族言語のために』、草風館。

岸上伸啓（一九九九）「北方諸民族の命名と人名について：エヴェン、コリヤーク、ユッピック、イヌイットの比較」『環オホーツク1998』六：五一‐六〇、紋別市郷土博物館。

――（一九九七）「ロシア極東カムチャツカ半島のコリヤークとエヴェン：一九九六年エッソ調査報告」『人文論究』六四：四七‐八七、函館人文学会。

クラウス、M・E（笹間史子訳）（一九九四）「言語の危機」北方言語研究者協議会『アイヌ語の集い〈知里真志保を継ぐ〉』二四九‐二六三、北海道出版企画センター。

――（二〇〇二［二〇〇一］）「言語の大量消滅と記録―時間との競争」宮岡・崎山編、一七〇‐二〇六。

呉人 恵（一九九二）「環北太平洋諸言語の形態法のタイポロジー」『月刊言語』二一（八）：八二‐八六、大修館書店。

――（一九九四）「豊かなる極北の言語世界―マガダンにコリャーク語を求めて」『大学出版』二〇：一-四、大学出版部協会。

――（一九九五）「カムチャツカ半島（言語ジャーナル12）」『月刊言語』二四（一三）：一〇四-一〇五、大修館書店。

――（一九九六a）「コリャークのことばと自然観」『Arctic Circle』一九：一五-一七、北海道立北方民族博物館友の会。

――（一九九六b）「コリャーク語テキスト」『富山大学人文学部紀要』二五：二一-五三。

――（一九九八）「トナカイ遊牧民コリャークのことばを調査して」『図書』三：一二-一七、岩波書店。

――（二〇〇一a）「シベリアを歩く」『月刊言語』三〇（八-一三）、大修館書店。

――（二〇〇一b）「コリャーク語の出名動詞と名詞抱合」津曲敏郎編『環北太平洋の言語7』「環北太平洋の言語」成果報告書A2-002：一〇一-一二四。

――（二〇〇二a）「語りに見るコリャーク語の変容―ロシア語の影響という側面から」煎本孝編『東北アジア諸民族の文化動態』二五三-二八二、北海道大学図書刊行会。

――（二〇〇二b）「ムチギン・ジャジェチアン（私たちの家族）ができるまで」『危機に瀕した言語について講演集（3）』「環北太平洋の言語」成果報告書シリーズC-003：七九-八六。

――（二〇〇三）「フィールドから得るもの、返すもの―コリャーク」津曲敏郎編『北のことばフィールドノート』、北海道大学図書刊行会。

呉人　恵、L・N・ハホフスカヤ（二〇〇三）「コリャーク族の葬送儀礼に関する言語民族学的分析の試み」『北海道立北方民族博物館紀要』一二。

崎山　理（一九八八）「クェステン語」亀井孝・河野六郎・千野栄一編著『言語学大辞典1』一四三七-一四

三九、三省堂。
佐々木史郎（一九八四）「トナカイ飼育の歴史」『民博通信』三〇：八五-九四。

――（一九九二）「シベリアの生態系と文化」岡田宏明・岡田淳子編著『北の人類学　環極北地域の文化と生態』一三三-一六〇、アカデミア出版会。

――（一九九五）「シベリアの人々」米倉伸之編『モンゴロイドの地球［4］極北の旅人』一-四六、東京大学出版会。

庄司博史（一九九五a）「ことばの危機・民族の危機・人の危機―北方少数民族言語の直面する問題に関して」『民博通信』六八：二三-三五。

――（一九九五b）「ソビエト言語政策下の北方少数民族と言語の復権」原暉之・山内昌之編『講座スラブの世界2　スラブ民族』一四二-一七〇。

高橋盛孝（一九四三）『北方諸言語概説』、三省堂。

津曲敏郎（一九九九）「北アジア諸言語は今―近代化と伝統のはざまで」『月刊言語』二八（五）：一〇六-一一三、大修館書店。

ディクソン、R（大角翠訳）二〇〇一［一九九七］『言語の興亡』（岩波新書）岩波書店
東京外国語大学アジア・アフリカ言語文化研究所編（一九六七）『アジア・アフリカ言語調査票下』。

ネトル、D&S・ロメイン（島村宣男訳）二〇〇一［二〇〇〇］『消えゆく言語たち　失われることば、失われる世界』、新曜社。

バチヤーノヴァ、E・P（斎藤君子訳）（二〇〇〇）「コリャーク人のライフヒストリー―一九九五年のカムチャッカにおけるフィールドワーク資料をもとに」『口承文藝研究』二三：一七三-一八三、日本口承文芸学会。

細川弘明（一九九二）「ヤノマム小語族」亀井孝・河野六郎・千野栄一編著『言語学大辞典4』五六三-五六六、三省堂。

宮岡伯人（一九九二）「環北太平洋の言語世界」『月刊言語』二一（八）：三〇-三七、大修館書店。

——（一九九六）「文化のしくみと言語のはたらき」宮岡伯人編『言語人類学を学ぶ人のために』三-四一、世界思想社。

——（二〇〇二）「消滅の危機に瀕した言語―崩れゆく言語と文化のエコシステム」宮岡・崎山編、八-五三。

宮岡伯人・荒木浩（一九八八）「コリャーク語」亀井孝・河野六郎・千野栄一編著『言語学大辞典1』一七六〇-一七六二、三省堂。

宮岡伯人編（一九九二）『北の言語：類型と歴史』、三省堂。

宮岡伯人・崎山理編（二〇〇二）『消滅の危機に瀕した世界の言語―ことばと文化の多様性を守るために』（明石ライブラリー39）、明石書店。

山本昭（二〇〇二［二〇〇一］）「地元の声に耳を傾けて」宮岡・崎山編、二九一-三〇四。

レベジェフ、V・V＆U・B・シムチェンコ（斎藤君子訳）（一九九〇）『カムチャトカにトナカイを追う』、平凡社。

ワーム、S・A（二〇〇二［二〇〇一］）「言語の危機と言語の死　危機言語を保持し、再活性化するには——」宮岡・崎山編、一四六-一六八。

渡部裕（一九九八）「コリヤーク民族誌と今後のコリヤーク文化研究：クラシェニンニコフ、ヨヘルソンとの比較と今後の展望」『北海道立北方民族博物館研究紀要』七：五一-六七。

Bergsland, K. (1989) "Comparative Aspects of Aleut Syntax." *Journal de la Societe Finno-Ougrienne* 82: 7-80.

Bradley, D. and M. Bradley (eds.) (2002) *Language Endangerment and Language Maintenance*. London: Curzon Press.

Comrie, B. (1981) *The Languages of the Soviet Union*. Cambridge: Cambridge University Press.

Crystal, D. (2000) *Language Death*. Cambridge: Cambridge University Press.

Dixon, R. M. W. (1997) *The Rise and Fall of Language*. Cambridge: Cambridge University Press.

Grimes, B. E. (ed.) (2000) *Ethnologue, Languages of the World*. 14th edition. Dallas, Texas: Summer Institute of Linguistics.

Jakobson, R. (1942) "The Paleosiberian Languages." *American Anthropologist* 44. 602-620.

——(1952): *Langues paleosiberiennes. Les langues du monde-par un groupe de linguistes*, A. Meillet et M. Cohen, nouvelle edition, Tome 1: 403-431. Paris: Centre National de la Recherche Scientifique.

Jochelson, W. (1908) *The Koryak*. Publications of The Jesup North Pacific Expedition VI. American Museum of Natural History, New York. Memoir, Vol. X, Parts 1-2. Leiden: E. J. Brill; New York: G. E. Stechert & Co.

Kononenko, A. V. (2001) "About the Reindeer Herders of the Koryak Autonomous Region: Observations Made during the 'Great Journey' Expedition."『北海道立北方民族博物館紀要』一〇：一－一六

Krasheninnikov, S. P. (1972) *Explorations of Kamchatka 1735-1741*. Portland: Oregon Historical Society.

Krauss, M. E. (1992) "The World's Languages in Crisis." *Language* 68 (1): 4-10.

——(2001) "Mass Language Extinction and Documentation: The Race against Time." Lectures on Endangered Languages: 2—From Kyoto Conference 2000—. ELPR Publication Series C-002: 19-40.

Kurebito, M. (2000) "Argument-Modifying Type of Diminutive / Augmentative Suffixes in Koryak." in O. Miyaoka (ed.). *Languages of the North Pacific Rim* 5: 139-157. Osaka: Faculty of Informatics, Osaka Gakuin University.

——(2001) "Noun Incorporation in Koryak," in O. Miyaoka and F. Endo (eds.). *Languages of the North Pacific Rim* 6. ELPR Publication Series A2-001: 29-58.

Kurebito M. (ed.) (2001) *Koryak Folktale: Kəcaw To Al'peal'* (The Grayling and the Flatfish). ELPR Publication Series A2-004.

——(ed.) (2002) *Koryak Folktale: Wellə* (The Raven). ELPR Publication Series A2-018.

Matsumura, K. (ed.) (1998) *Studies in Endangered Languages*. ICHEL Lingusitic Studies 1. Tokyo: Hituzi Syobo.

Miyaoka, O. (1996) "Sketch of Central Alaskan Yupik, an Eskimoan Language," in W. C. Sturtevant (gen.ed.). *Handbook of North American Indians* 17. I. Goddard (vol.ed.). *Languages*. 325-363. Washington: Smithsonian Institution.

——(1998) "A Grammar of Central Alaskan Yupik, An Eskimoan Language." Kyoto.

Nettle, D. and S. Romaine (2000) *Vanishing Voices: The Extinction of the World's Languages*. Oxford: Oxford University Press.

Sidorova, T. V. (1994) "Korjakskij jazyk." *Krasnaja kniga jazykov narodov Rossii* 32-33. Moskva: Akademia.

Shoji, H. and J.Janhunen (eds.) (1997) *Northern Minority Languages: Problems of Survival*. Senri Ethnological Studies 44. Suita: National Museum of Ethnology.

Worth, D. (1963) "Paleosiberian." in T. A. Sebeok (ed.). *Current Trends in Linguistics* 1. 345-373. The Hague: Mouton.

Wurm, A. S. (2000) "Ways and Methods for Maintaining and Re-invigorating Endangered Languages." Lectures on Endangered Languages: 2—From Kyoto Conference 2000—. ELPR Publication Series C-002: 127-140.

——(ed.)(2001) *Atlas of the World's Languages in Danger of Disappearing* (second edition). Paris: UNESCO Publishing.

Yamamoto, Y. Y. (2000) "Listen to the Voices of the Indigenous Peoples." Lectures on Endangered Languages: 2—From Kyoto Conference 2000—. ELPR Publication Series C-002: 335-342.

Zhukova, A. N. (1968) "Korjakskij jazyk." *Jazyk narodov SSSR* V. 271-293. Leningrad: Nauka.

——(1972) *Grammatika korjakskogo jazyka*. Leningrad: Nauka.

〈Teaching Indigenous Languages〉
http://jan.ucc.nau.edu/~jar/TIL.html
北米インディアン諸言語の再活性化と言語教育に取り組む会議のホームページ。

〈Terralingua〉
http://www.terralingua.org/
生物多様性と言語多様性を有機的に関連づけ、その保存と活性化を目指した活動を展開するNGO組織のホームページ。

〈The Red Book of the Peoples of the Russian Empire〉
http://www.eki.ee/books/redbook/
エストニアの言語学者たちによって書かれたロシアの少数民族とその言語に関するホームページ。各言語について全体的な概観ができる。

〈Universal Declaration of Linguistic Rights〉
http://www.linguistic-declaration.org/index-gb.html
言語の権利に関する世界宣言。

ることができる。危機言語関連リンクも充実している。

〈The Endangered Language Fund〉
http://sapir.ling.yale.edu/~elf/index.html
　危機言語の保持と言語学のフィールド調査に助成金を与える北米の危機言語基金のホームページ。事務局はイェール大学言語学講座にある。

〈Ethnologue〉
http://www.ethnologue.com/
　北米の言語学夏期講習所・ウィルクリフ聖書翻訳団の作った世界の言語のデータベース『エスノローグ』のホームページ。

〈The Foundation for Endangered Languages〉
http://www.bris.ac.uk/Depts/Philosophy/CTLL/FEL/
　危機言語の保持と言語学のフィールド調査に助成金を与えるイギリスの危機言語財団のホームページ。

〈Handout on Endangered Languages〉
http://personal.cityu.edu.hk/~ctrandy/el.html
　香港市立大学の R.J.LaPolla 助教授によって危機言語の関連リンクについてそれぞれ詳しい紹介がなされているホームページ。

〈Linguistic Society of America Committee on Endangered Languages and their Preservation〉
http://www.linguistlist.org/el-page/
　アメリカ言語学会危機言語とその保存委員会のホームページ。

●世界の危機言語関連サイト

世界の言語の危機状況について一目でわかるように示すことは容易ではない。しかし、以下の国内外の危機言語にかんするホームページを総合的に読むことによって、現状やそれに対する取り組みなどの全体像が見えてくる。

〈文部科学省科学研究費補助金「特定領域研究」『環太平洋の「消滅に瀕した言語」にかんする緊急調査研究』〉

http://www.elpr.bun.kyoto-u.ac.jp/

弱小言語が密集する環太平洋地域の言語の緊急調査を組織的に進めるために作られた多数の日本人研究者からなるプロジェクトのホームページ。その精力的な活動内容や研究成果が紹介されている。現地情報コラムでは各地域でのフィールドのユーモアあふれる四方山話が紹介されていて面白い。

〈日本言語学会危機言語小委員会〉

http://www.fl.reitaku-u.ac.jp/~sakamoto/kikigengo/kiki.html

1994年日本言語学会の中に設置されて以来、これまで危機言語にかんするシンポジウムなどの啓蒙活動をおこなってきた危機言語小委員会のホームページ。

〈東京大学東洋言語研究室「危機言語のホームページ」〉

http://www.tooyoo.l.u-tokyo.ac.jp/ichel/ichel-j.html

ユネスコの要請により設立された世界の危機言語にかんする情報集積をはかるためのデータバンクセンターのホームページ。ユネスコ危機言語レッドブック、ロシアの少数言語データベースなどのデータベースプロジェクトにより、世界の危機言語の状況を個々に知

[著者略歴]

呉人　恵（くれびとめぐみ）

1957年山梨県生まれ。東京外国語大学外国語学部モンゴル語学科卒業。東京外国語大学大学院外国語学研究科アジア第一言語専攻修了（文学修士）。北海道大学文学部助手を経て、現在、富山大学人文学部教授。主な著書に『モンゴルに暮らす』（岩波新書）（1991　岩波書店）、訳書にキャロベス・レアード著『怒れる神との出会い——情熱の言語学者ハリントンの肖像』（1992　三省堂）、編著に *Comparative Basic Vocabulary of the Chukchee-Kamchatkan Language Family: 1*, ELPR Publication Series A2-011(2001)などがある。

〈ドルフィン・ブックス〉
危機言語《ききげんご》を救《すく》え！——ツンドラで滅びゆく言語と向き合う

NDC802 208p 19cm

初版第1刷——2003年6月20日

著者——呉人《くれびと》　恵《めぐみ》
発行者——鈴木一行
発行所——株式会社大修館書店
〒101-8466 東京都千代田区神田錦町3-24
電話 03-3295-6231（販売部）　03-3294-2357（編集部）
振替 00190-7-40504
[出版情報] http://www.taishukan.co.jp
装丁者——佐々木哲也／さくらグラフィックス
印刷所——壮光舎印刷
製本所——関山製本社

ISBN 4-469-21279-2　　Printed in Japan